昭和〜平成

京王電鉄
沿線アルバム

解説　辻 良樹

高幡不動検車区に並ぶ6000系京王八王子行特急「陣馬」号と高尾山口行特急「高尾」号。京王と言えば、ハイキング特急を
忘れてはいけないだろう。1992（平成4）年まで行楽シーズンになると、鮮やかな特製ヘッドマークを掲げて走った「陣馬」
号や「高尾」号。いつまでも記憶にとどめておきたい。◎高幡不動検車区　1986（昭和61）年2月24日　撮影：森嶋孝司（RGG）

.....Contents

3章
京王電鉄の懐かしい駅舎…… 101

高尾線は、高尾を発車すると単線となり高尾山口を目指す。高尾線の開業は1967（昭和42）年。行楽地として名高い高尾山へのアクセス路線として今日も高い人気を誇る。また、めじろ台は京王が分譲した住宅地で、特急停車駅でもある。開業当時はめじろ台駅に待避線があったが現在は撤去され、線内での追い抜き運転はない。
◎高尾山口〜高尾　1985（昭和60）年1月6日
撮影：荒川好夫（RGG）

はじめに

　東京在住時代の若き日、私は京王沿線に暮らそうと思って引っ越した。東京23区内の中央線や山手線沿線は、もちろん便利だが、整然とした住宅地のある郊外に住みたいと考えた。

　そして京王沿線にしようと思い、路線図を見ていると、京王高尾線のめじろ台という駅が目に入った。特急を含む全列車が停車するめじろ台という駅に興味を持ったのだ。

　暮らし始めると、たしかに都心へ出るには遠かった。けれども、やや広めの一戸建てが並ぶ街並みや、島式ホーム2面4線の面影を残す掘割の広めの駅など、私鉄と住宅開発を感じるには充分な雰囲気で、私が若い頃から鉄道と街の形成に関心を抱くようになった、ひとつの契機となった。高尾線が開通するまでバスさえ走っていなかった丘陵地がいきなり特急停車駅を中心にした街になるのだから、鉄道新線のパワーとは凄いものだと思ったのだ。

　当時は、5000系と6000系が主力で、7000系が時々走り、8000系が登場したのはずっと後だった。相模原線はまだ京王多摩センターまでで、めじろ台と同じ八王子市の京王堀之内駅や南大沢駅は開業前で正直何もなかった。家賃が安いということで、京王堀之内駅近くの賃貸ワンルームマンションを借りた人がいたが、1〜2年後に南大沢駅まで開業予定だと知っていても、まだ鉄道が開業していない不便な開発途上のところで、私はさすがに暮らすには時期尚早だと感じた。

　それが今ではどうだろう。南大沢駅は都立大学の移転もあって、京王八王子駅よりも乗降客が多い駅になり、駅周辺も凄く発展している。隣駅の京王堀之内駅の周辺も追従して発展中だ。ここでも鉄道新線が持つ可能性とパワーを感じずにはいられない。

　今回、掲載の各時代の写真を見ていると、今日からすればとても長閑な沿線が昭和40年代頃まで存在していたことがわかる。当時の郊外の京王線沿線は、地方私鉄の沿線とさほど変わらない風景だった。違っていたのは、東京都心と直結していたこと。宅地開発やニュータウン造成の勢いは、東京が突出した。その発展ぶりは、例えば昔の聖蹟桜ヶ丘駅の写真と本社移転後の駅周辺を比べてみても一目瞭然で、人口が現在も増え続ける東京の醍醐味だ。この醍醐味を、京王線系統や井の頭線の懐かしい写真から感じていただけるのが、本書の大きな特徴だと思う。

2021年1月　辻 良樹

3月3日のひな祭りの日に撮影された浜田山〜高井戸間を走る3000系。写真には当時としては新しい住宅の姿が垣間見える。昭和40年代に入ると、沿線の宅地開発が進んでいったが、当時はまだ武蔵野の面影を残す風景が残り、若い世代に人気の新興住宅地として注目を浴びていた。
◎浜田山〜高井戸　1968（昭和43）年3月3日　撮影：荒川好夫（RGG）

1章
カラーフィルムで記録された 京王電鉄

武蔵野台地の南を駆ける14m級車の3連。戦中までに製造された小型車両が戦後になってもまだまだ在籍し、写真のように力走を見せていた。緑にKTRのロゴが、昭和30年代までの京王の姿。都市型高速鉄道へ脱皮する前の長閑な時代が写真から伝わってくる。1954（昭和29）年に府中市が誕生し、このあたりも府中市の市域となったが、合併前は北多摩郡多磨村で、当時の沿線には、農村風景が広がっていた。◎車返（現・武蔵野台）1956（昭和31）年1月2日　撮影：荻原二郎

京王初の16m級新製車として登場した2600系。1950（昭和25）年にデハ2600形が、翌年にサハ2650形が新製された。中型
だが、14m級車が多かった京王では、大型車と呼んでいた。写真は急行で活躍していた当時の2600系。新宿〜東八王子（現・
京王八王子）間の急行運用など、輸送力増強に貢献したが、戦後の新型車登場ラッシュの中で次第に急行系電車から引退して
いった。◎桜上水　1955（昭和30）年3月13日　撮影：荻原二郎

京王の14m級小型車は、戦災で14両、終戦後の火災で3両が焼失してしまった。これら17両のうち、戦後に桜上水の工場で
10両が応急措置を施して復旧し、あとの7両は日本車輌東京支店でボディを新造して載せ替えた。写真がその車体新造車で、
戦災復旧車とも呼ばれる。スマートなスタイルとなり、別の車両のように見えたが、元の車番を踏襲した。
◎柴崎　1954（昭和29）年12月30日　撮影：荻原二郎

ダブルルーフのデハ2150形と古風だった八幡山駅がコラボして写る写真。ダブルルーフは、古典的な客車や電車に見られ、二重屋根車とも呼ばれた。京王では3形式が存在し、写真のデハ2150形のダブルルーフが京王ファンの間では一番人気で、当時カメラを持っていたファンはこのデハ2150形を追いかけていた。◎八幡山　1955（昭和30）年3月13日　撮影：荻原二郎

調布付近を走る各駅停車運用の2600系。当初はダークグリーンだった車体色がライトグリーンに変わっている。1964（昭和39）年に前照灯が1灯から2灯へ改造、さらに奇数車のパンタグラフが前パンタから連結面側へ移った。晩年は高尾線内の折り返し運用で余生を送り、1977（昭和52）年11月に高尾線でさよなら運転を行い廃車された。
◎調布　1972（昭和47）年7月7日　撮影：荻原二郎

京王初の17m新製車両として1952（昭和27）年に登場した2700系。強度の高い高抗張力鋼を採用し、車体の軽量化を図った。前面非貫通2枚窓の湘南スタイルで、京王に新しい風を吹かせた。写真は登場してから数年後の撮影で、当時の前照灯は写真のように1灯の白熱灯だったが、昭和39年に2灯化されて雰囲気がやや変わった。
◎桜上水　1954（昭和29）年9月10日　撮影：荻原二郎

写真ではすでに複線化しているように見えるが、アイボリーに赤帯の2010系特急新宿行が右側を走行しており、当時はまだ工事中で単線時代である。多摩川橋梁の複線化によって、1964（昭和39）年4月に中河原〜聖蹟桜ヶ丘間の複線化が達成。当時の聖蹟桜ヶ丘駅はまだ地上駅時代で、高架駅になるのはまだ先の1969（昭和44）年のことだった。
◎聖蹟桜ヶ丘〜中河原　1964（昭和39）年1月15日　撮影：荻原二郎

京王線で運用当時のデハ1700形。同車は東横線用のデハ3550形として製造が進められていたが、1945（昭和20）年の永福町車庫への空襲で壊滅的な被害を受けた井の頭線を復旧するためにデハ1700形となり同線で活躍した。その後、1960年代に改軌して京王線へ転出し、各駅停車や支線で運用。1970年代に廃車され、写真のデハ1707は近江鉄道へ譲渡。再び狭軌へ改軌されモニ204を経てモユニ11へ改造された。◎柴崎　1972（昭和47）年3月8日　撮影：荻原二郎

井の頭線用として昭和27年に製造された18m級車の1800系。張り上げ屋根のスマートなスタイルでアンチクライマーが付いていた。井の頭線の3両編成化に貢献。その後、1967（昭和42）年に1801〜1803の3両が京王線へ転出し、同年開業の高尾線で使用され、写真は高尾線山田駅で撮影されたもの。1974（昭和49）年に廃車となり、1802と1803が伊予鉄道へ譲渡されサハとなった。◎山田　1967（昭和42）年10月1日　撮影：荻原二郎

大きな前面窓とヒサシが特徴的だった旧帝都電鉄の電車たち。多くが1945（昭和20）年5月の空襲で被災したが、写真に写る2代目デハ1403の旧番であるモハ200形207は被災を免れたうちの1両だった。モハ200形207からデハ1450形1457となり、1457が2代目デハ1403となって井の頭線を走っていた。◎神泉　1954（昭和29）年9月　撮影：荻原二郎

京浜スタイルの軽快な前面形状のクハ1250形。戦災で焼失した車両の応急的な復旧が進むと、今度は車体を新製して本格的な復旧が進められ、1952（昭和27）年にデハ1710形を踏襲した京浜タイプのボディへ載せ替えられ、完全な復旧車が登場した。写真は1955（昭和30）年の駒場～東大前間で、沿線に建物や樹木がなく、すっきりした沿線風景だった。
◎駒場～東大前　1955（昭和30）年1月22日　撮影：荻原二郎

建築中の住宅も見える浜田山〜高井戸間を走るデハ1800形。デハ1800形は、昭和27年に登場した18m級車両。東急横浜製作所（現・東急車輛製造）で製造された車両は、戦災復旧車を活用した車体新製車で、日本車輌製造で製造された車両は、新製車両である。ともに張り上げ屋根で、すっきりしたスタイルが特徴だった。
◎浜田山〜高井戸
1963（昭和38）年頃
撮影：荒川好夫（RGG）

デハ1400形は、帝都電鉄時代に製造されたモハ100形とモハ200形の中で、戦災焼失を免れた車両から編成化された形式。写真は、1963（昭和38）年当時の高井戸〜浜田山間だが、今とは隔世の感がある沿線。当時は浜田山から下り方向の沿線は開発途上で、デハ1400形とともに現在の井の頭線からすると、古色蒼然とした印象だ。
◎高井戸〜浜田山
1963（昭和38）年12月頃
撮影：荒川好夫

1965（昭和40）年当時の高井戸〜浜田山間で撮影された一枚。ブルーグリーンの前面塗装を施した3000系がすっきり編成写真に収まっている。浜田山〜高井戸間で撮影された当時の写真は多く、開発前の空き地は編成写真を撮るにはもってこいの条件だった。
◎高井戸〜浜田山
1965（昭和40）年12月
撮影：荒川好夫（RGG）

新宿駅に停車する京王多摩センター行の2010系。新宿駅は1975（昭和50）年に20m級車両8両編成に対応する工事を行い、その後1982（昭和57）年に10両編成に対応する改修が施された。20m級車両の6000系の発着が増えていった時代にあって、旧来型の2010系の発着は昭和50年代後半ごろになると次第に貴重な存在となり、多くのファンがカメラを向けていた。
◎新宿
1976（昭和51）年3月
撮影：荒川好夫（RGG）

八幡山〜上北沢間を走る2010系2076以下6連の新宿行。2076は2010系2次車にあたり、行先表示は差し込み式ではなく電照式行先表示幕だった。特徴的なシールドビーム2灯による前照灯も今となっては懐かしい。上北沢〜八幡山間の駅間は600mと短く、すぐその先に見渡せる。◎八幡山〜上北沢　1983（昭和58）年9月14日　撮影：森嶋孝司（RGG）

1960（昭和35）年当時の新宿駅付近を走る丸屋根のデハ2200形デハ2202。新宿〜東八王子（現・京王八王子）間の急行運用で、円形の標識に赤文字の「急」が見られる。同車は、戦前からの14m級車両で、路面電車のような車両が走っていた京王電気軌道時代を彷彿とさせていた。写真当時の前照灯は1灯だったが、後に2灯化されている。
◎新宿　1960（昭和35）年1月7日　撮影：荻原二郎

2010系2062を先頭に八幡山駅に進入する京王八王子行。差し込み式の行先表示板は使用せずに前面窓付近に行先を表示するスタイル。八幡山駅は、杉並区と世田谷区の区境付近に位置し、駅所在地は杉並区で、杉並区最南端の駅。元々は地平に駅があったが、1970（昭和45）年に高架化された。
◎上北沢〜八幡山
1983（昭和58）年9月14日
撮影：森嶋孝司（RGG）

昭和50年代の平山城址公園～南平間を
走る2010系。写真当時の同駅間の沿
線には、まだまだ写真のような多くの
田畑が残っていた。両駅とも日野市に
所在し、人口は伸びつづけて宅地化さ
れていった。平山城址公園駅の駅名は、
野猿峠のハイキングコースにある平山
城址公園からで、1955（昭和30）年に
改称されたが、それまでは地名にちな
んだ平山駅だった。一方、南平の地名
は、かつてこの地は平村と呼ばれてい
たが、同じ名前の村が近隣にあったた
め、北の平村と南の平村とに呼び分け
られたことから、この南平になった。
◎平山城址公園～南平
1979（昭和54）年4月
撮影：森嶋孝司（RGG）

北野駅の南側を流れる湯殿川で釣りに
興じる人々。北野駅が高架駅になって
南北通路が出来たのは平成になってか
ら。写真当時の北野駅南側は開発前で、
今とは隔世の感がある。今でも湯殿川
では時々釣り人の姿が見られるが、こ
のような牧歌的な景観ではない。走る
2010系と言い、この景色は昭和の思い
出である。
◎京王片倉～北野
1979（昭和54）年３月18日
撮影：森嶋孝司（RGG）

高尾線との分岐駅である北野駅を発車。高尾線は京王八王子方面と分かれて、国鉄横浜線をオーバークロスする。写真はその先の小高い築堤を京王片倉駅へ向かって走る2010系。写真当時の築堤下は宅地開発前で、このような牧歌的な景色だった。高尾線の北野〜山田間は、元は御陵線として開業した区間で、1945（昭和20）年から長い間休止していたが、昭和42年の高尾線開業で復活した。京王片倉駅は、御陵線時代は片倉駅だったが、復活の際に横浜線の片倉駅に配慮して京王片倉駅へ改称のうえ再開業した。◎北野〜京王片倉　1979（昭和54）年3月18日　撮影：森嶋孝司（RGG）

2068を先頭にカーブを行く晩年の2010系。一世を風靡した湘南スタイルの2枚窓も、当時はすでに流行から取り残された存在で、都市化した街へと変わっていく沿線とのミスマッチが生じていた。2010系の廃車が始まっていた時期で、この年の11月18日に惜しまれつつ2010系のさよなら運転が行われた。
◎中河原〜聖蹟桜ヶ丘　1984（昭和59）年4月20日　撮影：森嶋孝司（RGG）

2023に「さようならグリーン車両」の大形ヘッドマークを掲げて走る2010系の臨時さよなら運転。2000系の改良車として1959（昭和34）年に登場以来、高度経済成長期の輸送力増強に貢献した。かつての京王帝都電鉄を代表したライトグリーン一色による「グリーン車」は、2010系の引退をもって運用から姿を消した。
◎京王稲田堤〜京王多摩川　1984（昭和59）年11月18日　撮影：高木英二（RGG）

高尾線建設当時の北野駅西方。右側は京王八王子発新宿行の特急で、当時の京王線北野〜京王八王子間は単線だった。左側が御陵線の線路敷を活用して建設中の高尾線。写真左奥へ築堤が続き、写真左端に横浜線をオーバークロスする地点が写っている。当時の北野駅はまだ高架駅ではなく地上駅で、写真手前あたりは、現在では高架線になっている。
◎北野　1967（昭和42）年４月２日　撮影：荻原二郎

すれ違う5000系。左は新宿行の各駅停車で、右は東府中から競馬場線へ入線する府中競馬正門前行の急行。行先幕は馬の蹄を守る蹄鉄をデザインしたものだ。写真のように、当時の競馬開催日には、新宿から直通運転を行う下り電車も運転されていた。現在の競馬開催日は臨時急行の新線新宿行や臨時準特急の新宿行で、上り電車のみである。
◎代田橋〜明大前　1986（昭和61）年2月8日　撮影：荒川好夫（RGG）

京王の新しい顔として1960年代に登場した5000系。パノラミックウィンドウの前面スタイルは、都市鉄道へ脱皮した京王を象徴した。主力として特急運用などで活躍した後は、フラッグシップの座を6000系へ譲り、写真のように各駅停車の運用を主体として活躍を続けていた。写真は、聖蹟桜ヶ丘駅へ進入する手前の有名撮影ポイントで、カーブを走る各停高幡不動行。
◎中河原～聖蹟桜ヶ丘　1984（昭和59）年4月20日
撮影：森嶋孝司（RGG）

5100系5102以下2両編成が先頭で走る各停新宿行。同車は、2700系の機器を流用した釣り掛け駆動車で狭幅車と呼ばれた。冷房装置の取り付けはなく、冷房付5000系や20m級の6000系の補完的な役目を担い、写真が撮影された1986（昭和61）年末に廃車となった。釣り掛け駆動、狭幅車ということで、5000系系列では異色の存在であり、京王ファンに長年親しまれた。
◎武蔵野台～飛田給
1986（昭和61）年2月27日
撮影：高木英二（RGG）

5000系は、1996（平成8）年3月を境に本線運用から離脱し、動物園線の区間運転に充当された。引退を控えた同年11月下旬には、写真のような「さようなら5000系　長い間お疲れさまでした」と書かれたヘッドマークほか、何種類かのさよならヘッドマークが定期運用の5000系に付けられて運転された。そして、お別れのさよなら運転は特製ヘッドマークを付けて同年12月1日に若葉台〜新宿〜京王多摩センター〜若葉台の行程で運行されている。
◎多摩動物公園　1996（平成8）年11月22日　撮影：荒川好夫（RGG）

北野を発車して高尾線に入り、京王片倉駅を目指す5000系各駅停車の高尾山口行。昭和60年代の高尾線では、高尾線内のみの北野行や高尾山口行に5000系が多く運用されていた。写真の築堤は戦前に開業した御陵線時代からのもので、同線の休止を経て、1967 (昭和42) 年の高尾線開業にあわせて復活した。北野を出ると横浜線や国道16号をオーバークロスして京王片倉駅に到着する。◎北野〜京王片倉　1986 (昭和61) 年1月23日　撮影：高木英二 (RGG)

残雪の相模原線を行く5000系。写真の区間が開業したのは、京王よみうりランド〜京王多摩センター間開業の1974 (昭和49) 年のこと。昭和の頃は、まだまだ沿線に開発の余地が残され、新興地を走る沿線風景だった。若葉台駅の駅名は、台地上の若葉が由来で、駅は丘陵地の斜面上に設置された。◎京王永山〜若葉台　1986 (昭和61) 年2月27日　撮影：高木英二 (RGG)

新宿へ向けて走る5000系の特急を後追いした写真。こうして写真を見ると、山側から宅地造成されていったことがわかる。
5000系はロングシートの通勤形としては日本初の冷房車で、導入時期によって冷房装置の形式に違いがある。写真を見ると、
編成の前後で屋根上の冷房装置の形状が異なり、写真手前の4両が分散型、後の3両が集中型だ。
◎平山城址公園～南平　1979（昭和54）年4月　撮影：森嶋孝司（RGG）

八幡山〜上北沢間ですれ違う5000系と6000系の特急。昭和末期の京王の主力はこの両雄で、えんじ色の帯とアイボリーの塗色が京王のコーポレートカラーとして定着していた。アイボリーは、現在も7000系や8000系、9000系の前面塗装で見られ、バスやタクシーのカラーでも引き継がれている。◎八幡山〜上北沢　1986（昭和61）年1月24日　撮影：荒川好夫（RGG）

新宿から笹塚へ向かって走るハイキング特急高尾山口行「高尾」号。当時の特急の途中停車駅は、明大前、調布、府中、聖蹟桜ヶ丘、高幡不動、めじろ台、高尾で、府中の次の分倍河原は通過、高幡不動を出ると、一気にめじろ台まで無停車で、北野は通過していた。◎新宿〜笹塚　1979（昭和54）年4月　撮影：森嶋孝司（RGG）

6000系による新宿から直通の多摩動物公園駅行の急行。動物園線は、多摩動物公園へのアクセスを目的に当初は多摩動物公園線として1964（昭和39）年に開業。後に動物園線へ改称した。写真当時は、中央大学や明星大学の学生、多摩テック来園者の利用もあって、多くの乗客を確保していたが、多摩モノレールの開業や多摩テックの閉園などによって以前よりも取り巻く環境は厳しい。しかし、京王れーるランドの開園で、家族連れなどで賑わう日が増え、京王沿線の憩いの場にもなっている。
◎高幡不動〜多摩動物公園　1986（昭和61）年1月26日　撮影：松本正敏（RGG）

6000系は20m級車体を活かした収容力の多さで、京王の輸送力増強に貢献。特急をはじめ、快速を含む急行系列車などに積極的に運用され、その汎用性も魅力だった。写真は通勤急行での運用シーン。通勤急行停車駅で急行が通過していたつつじヶ丘駅が、1992（平成4）年に急行停車駅に格上げとなり、急行と通勤急行の停車駅の違いは同駅に停車するか否かの違いであったため、通勤急行は廃止となった。◎柴崎〜つつじヶ丘　1974（昭和49）年冬　撮影：河野 豊（RGG）

笹塚駅から見て、地下出入口の一番右端が新宿とつながる京王線下り、左隣は京王新線経由の下り線である。写真は新宿発橋本行の特急が地下から上がってきたところ。相模原線が橋本まで全通したのは1990（平成2）年。2年後の1992（平成4）年から新宿〜橋本間の特急運転が開始され、相模原市と新宿がぐっと近くなった。
◎笹塚　1993（平成5）年8月24日
撮影：荒川好夫（RGG）

1992（平成4）年、新宿〜橋本間に特急が登場。相模原線の特急運転開始を祝うヘッドマークを6000系に付けて走った。当時の停車駅は調布駅を発車すると、京王多摩センター駅と橋本駅のみで、各駅停車との接続がダイヤ上うまく行かず、通過駅の利用者から不評で、結果的に2001（平成13）年に廃止となり、急行に変更された。その時に急行停車駅へ昇格した京王稲田堤、京王永山、南大沢の各駅が、2013（平成25）年の特急復活時に特急停車駅へ昇格し、今日に至っている。
◎明大前〜代田橋　1992（平成4）年6月2日
撮影：森嶋孝司（RGG）

競馬場線東府中〜府中競馬正門前間を走る7000系。FRPカバーのほか、正面窓下がアイボリーに塗装されているが、えんじ色の帯がそのまま残っていた。現在の7000系は、えんじ色からチェリーレッドと呼ばれるカラーとブルーの帯になり、競馬場線や動物園線では、ワンマン対応車が運転されている。
◎東府中〜府中競馬正門前　2000（平成12）年5月3日　撮影：荒川好夫（RGG）

1987（昭和62）年から製造された7020系こと7000系20番台は、ビードプレス車体と呼ばれ、前面の幌枠や渡り板を無くしたすっきりした顔立ちが特徴だ。写真はえんじ色帯当時の姿。7000系は各駅停車のサービス向上を目的に各駅停車用として製造され、長く各駅停車の限定運用だったが、2001（平成13）年のダイヤ改定からは種別を限定しない運用に切り替えられ、各駅停車から特急まで幅広い運用で活躍している。◎八幡山〜上北沢　1988（昭和63）年2月7日　撮影：高木英二（RGG）

京王線用では初めてステンレス車体を採用した7000系。1984（昭和59）年から製造され、写真当時はまだアイボリーの前面
塗装はなく、ステンレス地にえんじ色の帯だった。写真の所は、現在も地上区間で、この先のJR中央線をくぐった先から京王
八王子駅までが1989（平成元）年に地下化されている。
◎京王八王子〜北野　1986（昭和61）年1月23日　撮影：荒川好夫（RGG）

8000系が登場した1992（平成4）年に高幡不動検車区で撮影された京王線用車両の各形式。9000系の登場は2000（平成12）年で2000年。1990年代までは、これらの形式で運用されていた。高幡不動検車区の歴史は古く、1925（大正14）年に玉南電気鉄道の車庫として誕生したことに遡る。現在は若葉台検車区が京王最大の検車区だが、かつては高幡不動検車区が京王最大の検車区だった。◎高幡不動検車区　1992（平成4）年3月6日　撮影：森嶋孝司（RGG）

京王多摩センター〜南大沢間が暫定開業したのは、1988（昭和63）年のこと。橋本まで開業したのは1990（平成2）年だった。写真には、6000系とすれ違う8000系の特急橋本行が写る。相模原線の特急は、平成4年に新宿〜橋本間に登場。平成13年に相模原線を走る特急は廃止されたが、2013（平成25）年に復活している。
◎京王堀之内〜南大沢　1995（平成7）年6月15日　撮影：松本正敏（RGG）

笹塚駅は、京王線と京王新線の分岐駅。京王新線は京王線複々線の一部だが、実質的に新線には幡ヶ谷、初台、新線新宿の各駅があり、京王線は笹塚の次が新宿である。写真は、左から6000系特急新宿行、京王新線経由6000系快速京王多摩センター行、新宿発7000系京王多摩センター行。京王線上り線のみ地下への出入口が遠い地点にある。
◎笹塚　1986（昭和61）年2月28日　撮影：荒川好夫（RGG）

明大前～代田橋間を走る当時新型だった8000系。8000系は、6000系から数えて20年ぶりの新型車両で、京王初のVVVFインバータ制御車。府中、北野の高架化工事完成や相模原線の特急運転開始を前にして、輸送力増強などを目的に計画され平成4年に登場した。写真は通勤急行に運用される8000系で、通勤急行の種別は1992（平成4）年に廃止となるため、新型の8000系による通勤急行のシーンは短い期間であった。◎明大前～代田橋 1992（平成4）年5月19日 撮影：森嶋孝司（RGG）

京王新線が開通したのは1978（昭和53）年。京王線の新宿〜笹塚間の複々線化計画のもと、複線部分を京王新線とした。初台駅と幡ヶ谷駅は、京王新線開通により新線へ駅が移転した。1980（昭和55）年に都営地下鉄新宿線の新宿〜岩本町間が開通し、相互直通運転を開始。写真は幡ヶ谷〜笹塚間を走る笹塚行の都営地下鉄新宿線10-000形。
◎幡ヶ谷〜笹塚　1986（昭和61）年2月14日　撮影：高木英二（RGG）

上北沢～八幡山間ですれ違う都営地下鉄新宿線10-000形快速橋本行と6000系特急新宿行。都営新宿線と京王相模原線との相互直通運転は1980（昭和55）年に開始されたが、当初は相互直通運転ながら京王の車両が岩本町～京王多摩センター間、都営地下鉄新宿線の車両が都営新宿線～笹塚間であったが、1987（昭和62）年に都営車の乗り入れも開始され、両社の車両が区間の制限なく運行されるようになった。京王線用車両のうち、5000系は地下鉄非対応車両だったが、6000系は都営新宿線乗り入れを想定した地下鉄対応車両として設計された。
◎上北沢～八幡山　1993（平成5）年8月24日　撮影：荒川好夫（RGG）

八幡山～上北沢間を走る都営新宿線10-000形による快速本八幡行。10-000形は、試作車から8次車まであり、写真の10-000形の正面形状は7次車まで踏襲されたスタイル。今や懐かしい姿だ。都営新宿線車両の直通運転は、1997（平成9）年には高尾山口まで延長され、高尾～高尾山口間の自然豊かな風景を地下鉄用車両が走るようになった。
◎八幡山～上北沢　1992（平成4）年5月29日　撮影：森嶋孝司（RGG）

1997（平成9）年に登場した10-000形の8次車は、従来車とは異なる正面形状になったほか、ビードプレスによるすっきりとした側面の採用など、10-000形の中でも異色の存在となり、チョッパ制御を採用した最後期の新製車両となった。しかし、その活躍は短く、2018（平成30）年に営業運転を終了し、若葉台へ回送されて廃車となった。
◎笹塚　1998（平成10）年1月3日　撮影：荒川好夫（RGG）

地下から出て来た笹塚行の10-000形。この編成は都営新宿線開業前の試作車編成で、1971（昭和46）年に4両のみ製造され、全電動車編成で登場した。写真当時はのっぺりとした正面形状が特徴だったが、三田線での試運転時代は幌枠が付いていた。三田線での試運転対策として、1067mmの台車で落成し、都営新宿線開業に伴い1372mmの台車に交換された。
◎幡ヶ谷〜笹塚　1986（昭和61）年2月28日　撮影：荒川好夫（RGG）

デト2910形として2両が1954（昭和29）年に東急車輌で製造された。2両一組の電動無蓋貨車で、中間にチキあるいはホキを2両連結して保守作業で活躍した。1957（昭和32）年にデト210形に改番、1982（昭和57）年に塗色変更が行われ、黒に警戒色の姿から青みのあるグレー塗装に警戒色となった。長く活躍したが、平成7年に5000系の改造車へバトンを渡して廃車となった。◎高幡不動検車区　1986(昭和61)年2月24日　撮影：森嶋孝司(RGG)

ホキ280形は、1974（昭和49）年に東急車輌で製造されたバラスト用ホッパー車。2両が製造され、京王相模原線の建設に日本鉄道建設公団所有で使用された後に京王帝都電鉄（現・京王電鉄）が購入し、1977（昭和52）年から1995（平成7）年までデト210形とペアを組んでバラスト散布に活躍した。◎高幡不動検車区　1986（昭和61）年2月24日　撮影：荒川好夫（RGG）

1000系を浜田山〜高井戸間で後追いした写真。井の頭線にステンレスの3000系が登場したのは1962（昭和37）年。写真当時はまだ3000系の本数が少なく、井の頭線ではグリーン塗装の電車が大半を占めていた。渋谷行でグリーン車が行ったかと思うと、今度は吉祥寺行でまたグリーン車が走って来るといった、日常的光景であった。
◎浜田山〜高井戸　1963（昭和38）年11月　撮影：荒川好夫（RGG）

3000系と並び、非貫通型車体のデハ1760形が正面を向いて写る。永福町検車区は1966（昭和41）年に富士見ヶ丘へ移転したが、工場は1970（昭和45）年に富士見ヶ丘へ移転するまで永福町にあった。このように永福町に新旧の車両が並んでいたのも、今や昔語りとなっている。
◎永福町検車区
1963（昭和38）年12月
撮影：牛島 完（RGG）

1963（昭和38）年当時の井の頭線高井戸〜浜田山間を走るデハ1900形。当時は井の頭線でもまだまだグリーン塗装の、いわゆるグルーン車が多く活躍していた。1900形は、正面2枚窓を採用し、1953（昭和28）年と1954（昭和29）年に製造された。京王線用の2700系を井の頭線版にした車両と言える。窓上の尾灯やアンチクライマーを有する。昭和59年にさよなら運転を行い、井の頭線最後の釣り掛け駆動車だった。◎高井戸〜浜田山　1963（昭和38）年11月　撮影：荒川好夫（RGG）

開発や杉並清掃工場の建設などによって、このあたり一帯の沿線風景も変わっていった。写る車両は井の頭線最後の旧性能車となったデハ1900形。2枚窓に渋谷の行先板というスタイルも懐かしい井の頭線の時代を物語る。
◎高井戸～浜田山　1970年代前半　撮影：荒川好夫（RGG）

「1000型ごくろうさまKTR」のヘッドマークを掲げて富士見ヶ丘～高井戸間を走る1000系さよなら電車。1000系は、井の頭線で初めての高性能車として1957（昭和32）年に登場した。京王線用2000系の井の頭線版である。さよなら電車の先頭に立つデハ1050形1056は1961（昭和36）年に増備されたうちの1両で、アンチクライマーがなく、すっきりした印象だった。
◎富士見ヶ丘～高井戸
1984（昭和59）年3月4日
撮影：森嶋孝司（RGG）

富士見ヶ丘〜高井戸間を走る1000系。順光撮影のもと、ライトグリーンの編成が映える。1000系は、井の頭線で初めての高
性能車として1957(昭和32)年に登場。京王線用2000系の井の頭線バージョンだ。登場時期によって追突衝撃緩和のアンチ
クライマーの有無があり、写真の1052はアンチクライマーが付く1957年製である。
◎富士見ヶ丘〜高井戸　1983(昭和58)年12月24日　撮影：森嶋孝司(RGG)

1967（昭和42）年当時の高井戸駅と駅前の風景。築堤上に駅があった時代で、ガード下を走る車が写る。パイナップルやリンゴの絵が入った看板の果物店や三菱鉛筆の看板を掲げた文房具店など、古きよき昭和だ。昭和40年代に入ると駅周辺の宅地化がさらに進み、個人経営の商店もたくさんあった。三丁目の夕日的な情景で、オールステンレス車の3000系が眩しく見える。
◎高井戸　1967（昭和42）年5月8日　撮影：荒川好夫（RGG）

写真背景に車庫が写る。この車庫は、永福町の検車区や工場が廃止された後もバス車庫に転用されて残り、1986（昭和61）年に解体されるまで残っていた。そのためか、検車区や工場が富士見ヶ丘へ移転した後も、車庫が残ることから、永福町の車庫として親しまれ続けた。◎永福町検車区　1963（昭和38）年12月　撮影：牛島 完（RGG）

渋谷トンネルをくぐり神泉駅に進入する富士見ヶ丘行の3000系。神泉駅はトンネルとトンネルに挟まれた駅。駅は神泉トン
ネル内にあり、まるで地下駅のような雰囲気だ。写真は、神泉トンネル改修後のプラットホーム延伸工事が完成に近づいてい
た頃。トンネルの幅を改修しないとプラットホームを延伸できないため、トンネル改修とプラットホーム延伸がセットで行わ
れた。◎神泉　1995（平成7）年3月10日　撮影：荒川好夫(RGG)

1976（昭和51）年冬に撮影された浜田山〜高井戸間を俯瞰した風景で3000系が走る。写真奥には新宿副都心の高層ビルが見渡せる。現在このあたりには杉並清掃工場がある。同工場の着工は1978（昭和53）年で1982（昭和57）年12月に旧工場が竣工した。現在は建て替えが行われて新工場になっている。◎浜田山〜高井戸　1976（昭和51）年 冬　撮影：荒川好夫（RGG）

永福町にて撮影された3000系の急行。急の円形マークが懐かしい。急行の途中停車駅は、下北沢、明大前、永福町、久我山の各駅。永福町駅は閑静な住宅地にある駅。杉並区永福に所在。昔は地名も永福町だった。この永福という地名は、永福寺に由来している。◎永福町　1970年代前半　撮影：河野 豊（RGG）

井の頭公園駅の桜と3000系。吉祥寺方面のホームから見たところ。桜の時期の土曜休日には、花見客のために一部の急行が臨時停車する。日頃は静かな駅で、井の頭公園とセットでドラマのロケに駅が使用されることも多い。カーブしたホームと桜の風景は、とてもロマンチックな演出をしてくれる。◎井の頭公園　1993（平成5）年4月2日　撮影：荒川好夫（RGG）

井の頭線渋谷駅の移転は、1997（平成9）年12月28日のことだった。写真は、渋谷マークシティ2階に移転して間もない頃の井の頭線渋谷駅。頭端式ホーム2面2線の高架駅である。3000系の新旧マスクが並ぶ。アイボリーとサーモンピンク。3000系は京王で初めてオールステンレス車体を採用した車両。井の頭線の顔として活躍を続けたが、1996（平成8）年から廃車が始まり、2011（平成23）年までに全車廃車となった。◎渋谷　1998（平成10）年2月12日　撮影：荒川好夫（RGG）

3000系第1編成の先頭車3701が写る。前面はFRP製で、ステンレス車の前面にFRPを採用したのは日本初のことだった。さらにFRPにカラフルなパステルカラーを採用したことも大きな話題になった。写真は富士見ヶ丘検車区で撮影されたもの。同検車区は1966 (昭和41) 年に永福町検車区から移転して開設され、富士見ヶ丘〜久我山間に位置する。
◎富士見ヶ丘検車区　1986 (昭和61) 年2月22日　撮影：森嶋孝司 (RGG)

雪の富士見ヶ丘〜高井戸間を走る3000系。1998 (平成10) 年1月8日から翌1月9日にかけて、東京に大雪が降った。写真を見ると枕木も見えないほど積もっている。東京で15cmの積雪だった。写真は21編成で、第20〜29編成は1980年代に登場した3000系の最後のグループ。2008 (平成20) 年から約1年の間に廃車され、一部は愛媛の伊予鉄道へ譲渡された。
◎富士見ヶ丘〜高井戸
1998 (平成10) 年1月9日
撮影：荒川好夫 (RGG)

写真は、1000系第1編成の試運転を捉えた一枚。井の頭線1000系としては2代目にあたる。実に34年ぶりだった井の頭線用の新型車両。現在の井の頭線を支えている。製造開始は1995（平成7）年。翌年の1月から営業運転を開始した。井の頭線初の20m級車両、VVVFインバータ制御車。井の頭線の伝統であるカラフルな前面カラーを受け継いでいる。
◎明大前〜永福町　1995（平成7）年12月18日　撮影：松本正敏（RGG）

京王線と井の頭線の時刻表

1926(大正15)年の京王電気軌道時刻表。甲州街道上に設けられた停留場名が記されている。

1935(昭和10)年の帝都電鉄時刻表。

1935(昭和10)年の京王電気軌道時刻表。

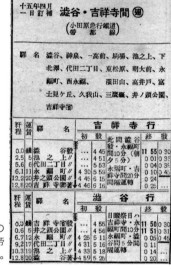

1940(昭和15)年の「小田原急行鉄道帝都線」時代の時刻表。

「大東急」時代の井ノ頭線時刻表。

1940(昭和15)年3月の京王電気軌道時刻表。御陵線も記されている。

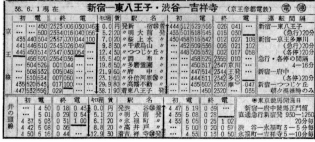

1961(昭和36)年、京王帝都電鉄の京王線と井の頭線の時刻表。

2章
モノクロフィルムで記録された
京王電鉄

大正4年に甲州街道に開設された新宿追分駅が京王の新宿駅の起源。1927（昭和2）年に新宿ビルディングの竣功を機にビル1階へ駅が移転。頭端式5面3線のターミナル駅となった。1930（昭和5）年に四谷新宿、1937（昭和12）年に京王新宿へ改称し、終戦前の1945（昭和20）年に新宿西口へ移転した。写る電車は150形の160。150形は京王では大変珍しいクロスシートを備えていた。◎四谷新宿　1937（昭和12）年頃　撮影：杵屋栄二

地上時代の新宿駅。終戦前の1945（昭和20）年7月に移転した駅のため、資材が乏しい時代に建てられた駅舎はバラック造りだったが、それでもプラットホームはターミナル駅らしい大屋根の上屋が建っていた。写真には京王初の半鋼製車体を載せた110形を改番したデハ2110形が写る。地上時代の新宿は、昭和初期に製造された二重屋根の古めかしい電車が似合う駅でもあった。◎新宿　1956（昭和31）年7月1日　撮影：吉村光夫

1963（昭和38）年に完成した新宿駅の地下化。当時は18m級車両6両対応の2面4線だった。新宿～京王多摩川の行先板が差し込まれている2010系が写る。当時はまだ相模原線の名はなく、調布～京王多摩川間のみ開業していた。京王多摩川駅は、1916（大正5）年に多摩川原駅として開業。1937（昭和12）年に京王多摩川駅へ改称した。かつて同駅近くには、京王が開発した一大レジャー施設の京王閣があり、戦時色が濃くなるまで賑わいを見せ、跡地は京王閣競輪場になっている。
◎新宿　1964（昭和39）年1月2日　撮影：荒川好夫（RGG）

奥に写るのが京王の新宿駅。駅は戦争末期の1945（昭和20）年7月に新宿西口の地へ移転し、今日の駅から想像すると、とても簡素な印象で板張りのバラック造りだった。新宿駅を発車した電車は、しばらく専用軌道を走った後に甲州街道の併用軌道へ出て、再び専用軌道に入って初台駅へ向かった。長編成の20m級車両が頻繁に走る今日の京王線からは想像できない長閑なターミナル駅界隈だった。◎新宿〜初台　1961（昭和36）年10月　撮影：宮地 元（RGG）

旧幡ヶ谷駅と思われる一枚。懐かしい地上時代の貴重な記録写真と言える。半鋼製車体のデハ2600形が写る。14m級の従来車よりも車体長、車体幅ともに大きくなった車両。京王帝都電鉄が発足して初めての新車で、1950（昭和25）年に15両が製造された。◎幡ヶ谷　1966（昭和41）年　撮影：荒川好夫（RGG）

地上時代の風景。水路沿いの軌道区間から併用軌道へ入ったデハ2150形が写る。車が走ってこない瞬間を撮ったのかどうかわからないが、車の姿が全く写っていない。沿線の建物は低く、空がとても広い。併用軌道を走る京王電車は、この先新宿駅へ向けて警笛を頻繁に鳴らしながら走行した。◎初台〜新宿　1961(昭和36)年10月　撮影：宮地 元（RGG）

デハ1710形は、戦災で多くの車両が焼失した井の頭線救済のため、東急品川線（現・京急電鉄京急本線）へ投入予定だった車両を井の頭線へ入線させて登場した形式。写真は、井の頭線から京王線へ転用して運用されていた当時の様子。転用に際して、井の頭線の軌間1067mmから京王線の軌間1372mmへ改軌された。
◎笹塚〜幡ヶ谷　1966（昭和41）年4月　撮影：荒川好夫（RGG）

地上時代の京王線新宿界隈の情景。開業以来、甲州街道上を走ってきた京王線。写真は、専用軌道から併用軌道へ向かう2000系急行新宿行を後追い撮影したシーン。都市型の高速鉄道へ脱皮するためにネックだった新宿駅界隈の併用軌道が解消されるのは、2年後の1963（昭和38）年まで待つことになる。専用軌道脇を走る自動車の波を見ていても、この専用軌道部分が道路へ拡張されれば、渋滞緩和になるのが目に見えるようだ。
◎初台～新宿　1961（昭和36）年頃
撮影：吉村光夫

代田橋〜松原（現・明大前）間での撮影と推測される京王電気軌道時代の古写真。ともに二重屋根の古めかしい電車だ。左が1928（昭和3）年に新製された110形で後のデハ2110形。右が1929（昭和4）年から翌年にかけて製造された150形で、後のデハ2150形。ロングシート化されるまではクロスシート車だった。戦中・戦後に撮影された両車は3扉化後になるが、この写真はまだ2扉時代の写真で、その点でも貴重な一枚と言える。
◎代田橋〜松原（現・明大前）　1930（昭和5）年頃　撮影：八十島義之助（RGG）

明大前駅の下りホームから後追い撮影の上り新宿行。駅周辺は、京王線と井の頭線が交差する利便性の高さから、古くから住宅密集地で、学生相手の店も多かった。写真左側にビリヤード場が写り、学生の街らしい。写るデハ2150形は、明かり採り窓と水雷型と呼ばれた通風器を備え、美しいダブルルーフ（二重屋根）車として京王ファンに人気が高かった。◎明大前　1961（昭和36）年12月24日　撮影：荻原二郎

アンチクライマーを付けたグリーンカラーの2700系とすれ違う2010系の快速。当時の京王線では湘南スタイルの2枚窓の姿を頻繁に目にすることができた。5000系の増備や6000系の登場によって湘南スタイルの2枚窓車は京王線からは淘汰されていったが、一方で井の頭線ではその後も湘南スタイル2枚窓の3000系が長く活躍を続けた。
◎下高井戸～明大前　1965（昭和40）年11月　撮影：荒川好夫（RGG）

デハ2500形から改造されたサハ2500形が、電動無蓋貨車デト210形に牽引されるようなかたちで写る。若葉台へ検車区や工場が移転する前の当時の桜上水駅の北側一帯には、桜上水検車区とともに桜上水工場があり、歴史のある車両も見掛けることができた。桜上水駅は、桜上水へ駅名改称するまでは京王車庫前という駅名で、長く車庫とともに歴史を歩んだ駅だった。
◎桜上水検車区　1963（昭和38）年12月25日　撮影：牛島 完（RGG）

1959（昭和34）年当時の下高井戸駅の様子。京王多摩川行の行先板を付けたデハ2502が下りホームへ進入するシーン。右側に写るのが急カーブ改良前の下り線があったところで、後に下りホームの延伸に敷地が使用された。沿線の人口増加に合わせて長編成化が進む中、急カーブの改良やプラットホームの延伸が進捗していた時代である。
◎下高井戸　1959（昭和34）年2月22日　撮影：荻原二郎

1926（大正15）年に北沢車庫前駅として開業した桜上水駅。その名の通り、車庫のある駅として歴史を歩んできたが、1983（昭和58）年に工場や検車区が若葉台へ移転した。写真右側は駅北側に広がっていた桜上水検車区の様子で、写真左側は京王線。走るのは、井の頭線から転出したデハ1711を先頭に走る各停。当時は井の頭線から多数の車両が改軌されて京王線へ転入していた。◎桜上水　1969（昭和44）年5月5日　撮影：荻原二郎

デカライトと呼ばれた前照灯を取り付けて走る2000系。アイボリーとえんじ色帯への塗色変更が間に合わないままでの特急運用や、代走としてグリーン塗色のまま特急運用に就くこともあった。郊外への宅地開発を進めていた当時の京王帝都電鉄にあって、特急運転開始や特急増発は、エポックメイキングな出来事だった。◎八幡山　撮影：高田 寛(RGG)

デハ2600形の快速。円型の種別板が古い電車によく似合う。デハ2600形は1977(昭和52)年まで運用され、晩年は高尾線で余生を送った。写真は1965(昭和40)年のつつじヶ丘駅。踏切脇につつじヶ丘駅入口と書かれた案内柱が写っている。つつじヶ丘の元の地名は金子で、京王による宅地開発によって、1957(昭和32)年に金子からつつじヶ丘へ駅名改称。その後、地名も金子からつつじヶ丘になった。◎つつじヶ丘　1965(昭和40)年　撮影：荒川好夫(RGG)

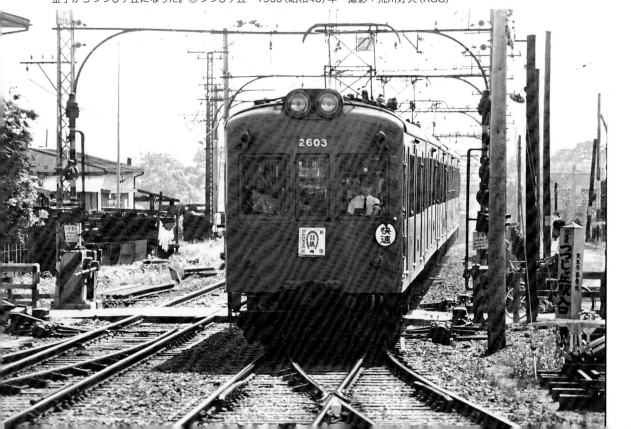

左奥が京王多摩川への支線で、そこから京王多摩川発新宿行が調布駅へ進行しているシーン。京王線の下り線を平面交差で横切るため運行が度々滞り、信号待ちが多い駅だった。元々砂利採取のために多摩川原駅（現・京王多摩川）への支線を敷いたが、旅客が増えるにつれて支線の編成が長くなり、さらに相模原線となって延伸が続く中で、調布駅の平面交差解消が強く求められた。そして、連続立体交差事業のもと、2012（平成24）年に駅の地下化が完成。ようやく長年の懸案だった平面交差が解消された。◎調布　1968（昭和43）年1月3日　撮影：荻原二郎

まだ戦後の雰囲気が残っていた1958（昭和33）年頃の東府中駅の風景。1955（昭和30）年に競馬場線が開業し、写真右端にのりばが写る。写真手前の道は踏切で、戦中までは陸軍、戦後は米軍の指示で踏切の拡張などが指示され、このような幅の広い踏切となった。かつては、この広さを活かして、京王の車両の搬出入を行っていた。◎東府中　1958（昭和33）年頃　撮影：吉村光夫

1950（昭和25）年当時の府中駅。府中の駅名標の向うに貨物側線があった。車両は玉南電気鉄道時代からのデハ2000形。玉南電気鉄道は車両も施設も鉄道の規格で製造され、軌道の規格だった京王電気軌道は、新宿〜東八王子間の直通運転を計画する中で、府中〜東八王子間を開通させた玉南電気鉄道の規格へ統一した。そのため、後の京王電気軌道の新造車は、このデハ2000形の設計を基本に製造された。◎府中　1950（昭和25）年8月12日　撮影：柴田重利

写真の前年に複線化した多摩川橋梁。当時の橋梁周辺はまだ都市化しておらず、聖蹟桜ヶ丘駅は地上駅の時代で、前年に多摩村から多摩町になったばかりだった。聖蹟桜ヶ丘駅の乗降客が増えたのは、1971（昭和46）年に多摩ニュータウンの諏訪・永山地区の入居が始まってから（京王多摩センターまで相模原線が開通していなかったため）。当時は写真のような2両編成の運用があった。◎中河原〜聖蹟桜ヶ丘　1965（昭和40）年2月　撮影：小川峯生

分倍河原駅を通過する2600系の特急。写真右側は国鉄南武線への連絡口。電鉄会社は戦前戦中までは、電力供給事業と深い関係にあり、京王も電力の配給事業を行っていた。そのため、かつては高い鉄柱が至る所で見られた。1942（昭和17）年に配電統制令によって京王の電力配給事業は関東配電へ移り、写真当時は東京電力の高圧送電線として活用されていた。
◎分倍河原　1963（昭和38）年4月　撮影：小川峯生

高幡不動駅構内を新宿方から見た風景。写真は多摩動物公園線（現・動物園線）の開業日で、写真左端が多摩動物公園駅行。その奥に写るのが当時の駅舎。写真中央のホームが京王線下り京王八王子方面、写真右側に特急新宿行が停車する京王線上り新宿方面のホーム。多摩動物公園線の開業日とあって、乗り換えの利用者で構内通路が賑わっている。
◎高幡不動　1964（昭和39）年4月29日　撮影：荻原二郎

晩年は、多摩動物公園線（現・動物園線）や競馬場線の運用に就いていた14m級車の220系。ライトグリーンの塗色から5000系に合わせたアイボリー色へ塗色変更され、えんじ色の帯を巻いていた。220系は1969（昭和44）年に廃車となったので、比較的短期間での運用に終わった。廃車後は、222を元のライトグリーン塗色にし、元の車番2410として静態保存され、当初は多摩動物公園駅の駅前にて展示。現在は「京王れーるランド」へ移設して展示されている。
◎高幡不動～多摩動物公園　1965（昭和40）年頃　撮影：吉村光夫

古きよき時代の京王を物語る写真。まだまだ牧歌的な風景が残っていたころの昭和40年代初めの百草園駅付近での一枚。パノラミックウィンドウがとても格好良いサイドビュー。急行の種別板も懐かしい。そして側面のヒゲ。このヒゲは早々に無くなったが、5000系さよなら運転の際には復活して、往年のファンを喜ばせた。
◎百草園　1967（昭和42）年5月16日　撮影：荒川好夫（RGG）

5000系のようなアイボリー色にえんじ色の帯をまとうデハ221が写る。1963（昭和38）年8月の京王線系統の昇圧（600V→1500V）時に多く廃車された14m級車両だが、その中で廃車されずに活用された14m級車両で、デハ2401＋デハ2130を1963（昭和38）年にデハ221＋クハ231に、翌年1964（昭和39）年に、デハ2410＋デハ2409をデハ222＋クハ232にして、競馬場線や動物園線の運用に使用した。うち、デハ222は元の車番のデハ2410に戻してライトグリーンの塗色を復元。多摩動物公園駅前に保存後、現在は京王れーるランドで保存されている。◎高幡不動　1968（昭和43）年1月　撮影：荒川好夫（RGG）

百草園～聖蹟桜ヶ丘間を走る5070系（5100系）。今では信じ難い2両編成の電車が京王線を走る。5000系が4両編成で製造されたのに対して、旧型車の機器を流用した5100系は2両編成や3両編成で製造された。高度経済成長期に建てられた住宅が点在し、奥に雄大な多摩川の景色、その奥に府中の街並みが俯瞰できる。
◎百草園～聖蹟桜ヶ丘　1967（昭和42）年5月16日　撮影：荒川好夫（RGG）

地上時代の北野駅。単式ホーム1面、島式ホーム1面で3線だった時代。島式ホームの左側に写るのは、新宿〜東八王子（現：京王八王子）の行先板が掛かる急行。右側はかつての御陵線のりばで、試運転の標識を付けた2000系が停車している。写真は北野駅の高尾線工事が始まる前の様子で、現在の高架化された北野駅からは想像できないほどの駅風景だった。
◎北野　1960（昭和35）年頃　撮影：吉村光夫

めじろ台駅に到着した2両編成の特急。高幡不動で分割併合していた。プラットホームには、京王めじろ台住宅地下車駅の看板が立つ。高尾線開業当初は、まだめじろ台住宅地への入居が始まる前で、先行して駅が開業した。特急が停車する京王の新しい住宅地として人気が高く、宅地造成中の分譲地には、購入希望者が長蛇の列を成した。
◎めじろ台　1967（昭和42）年10月1日　撮影：荻原二郎

高尾線開通の喜びに沸く高尾山口駅。都心から電車1本でアクセス可能となり、各報道メディアや見物客が入り混じってのお祭り騒ぎだった。高尾線開通と同時に新宿との直通特急が運転を開始。高架駅には、上にも下にも「新宿直通45分」や「新宿まで直通特急45分」の宣伝文句が躍っていた。◎高尾山口　1967（昭和42）年10月1日　撮影：吉村光夫

1964（昭和39）年当時の京王多摩川付近を走る2600系。当時の京王多摩川駅の駅周辺には、日活多摩川撮影所を継いだ大映東京撮影所があり、映画関係者が集まる飲食店が軒を連ねるなど、映画の街だった。また、京王閣競輪場のほか、遊園地やプールを備えた京王遊園もあり、レジャースポットでもあった。現在のような住宅地のイメージではなく、映画やギャンブル、レジャーが連想される所で、駅周辺を過ぎれば未開発な風景が広がっていた。
◎京王多摩川　1964（昭和39）年5月31日　撮影：荻原二郎

1961（昭和36）年当時の井の頭線渋谷駅。頭端式ホーム2面2線の構造で、プラットホーム延伸前の姿。後にホーム延伸によって先細りのホームが付け足される。奥に京王ビルが建ち、明大前で乗り換えて向かう高幡不動、高尾山をPRする看板が見える。右に写るのは、東急玉川線渋谷駅。玉電として親しまれたが、1969（昭和44）年に廃止された。うち、三軒茶屋～下高井戸間は東急世田谷線となり、現在も京王線の下高井戸駅で乗り換えることができる。
◎渋谷　1961（昭和36）年11月

地下鉄銀座線と並走する井の頭線。昭和20年代後半の渋谷で撮影された一枚。ようやく戦災からの復旧が進み、井の頭線の電車の戦災復旧も成し得た頃だった。1800形は戦災に見舞われた車両の車体新製車と新造車によって誕生し、写真には登場間もない1800形デハ1806が誇らしげに行先板を掲げて発車するシーンが写る。◎渋谷　1952（昭和27）年　撮影：吉村光夫

井の頭線の急行運転開始を祝うテープカットの様子。永福町に待避線を設けて４線化し、1971（昭和46）年12月15日に急行運転を開始した。開始から2001（平成13）年３月までは、渋谷～吉祥寺間17分の所要時間だったが、最高速度の引き上げ(80km/h→90km/h)により、現在では最速電車で16分の所要時間になっている。
◎渋谷　1971（昭和46）年12月15日　撮影：荒川好夫（RGG）

前照灯を照らしてトンネルを出てきたデハ1800形。まるで山岳鉄道かのようなシーンだ。1800形は張り上げ屋根のため、整ったスタイルが特徴。都会的な井の頭線によく似合っていた。後に一部の車両が京王線へ転用されたものの、その後も長く井の頭線で活躍を続けた。◎渋谷〜神泉　1966（昭和41）年4月11日　撮影：荒川好夫（RGG）

写真は、駒場東大前駅開業前の撮影で1964（昭和39）年。駒場駅が現役だった時代である。駅舎の左側に丹頂型と呼ばれた懐かしい電話ボックスが見られる。近接していた駒場駅と東大前駅の統合によって1965（昭和40）年7月11日に駒場東大前駅が開業。駒場東大前駅が開業した日も写真と同じような駒場駅の佇まいが残っていたが、そこには乗客の姿はなかった。
◎駒場　1964（昭和39）年9月27日
撮影：荻原二郎

統合駅の駒場東大前駅の開業で使用されなくなった駒場駅のプラットホーム。電車はこのまま停車しそうな雰囲気だが、使用停止になったプラットホームに人影はない。駒場駅は1933（昭和8）年に西駒場駅として開業。1937（昭和12）年に駒場駅へ改称した。
◎駒場　1965（昭和40）年7月11日
撮影：荒川好夫（RGG）

切通しの小田急線をオーバークロスする井の頭線の下北沢駅。写真当時はまだプラットホーム延伸などの工事が進む前で、小田急と井の頭線の連絡通路が複雑化する前。後の時代に比べれば比較的シンプルな駅構造で、1933（昭和8）年に小田急の上を帝都電鉄（現・井の頭線）が跨いだ時代の雰囲気を残していた。連続立体交差事業によって小田急の駅が地下化された今日、地上で交差していた時代を伝える貴重な写真と言える。◎下北沢　1960（昭和35）年2月2日　撮影：荻原二郎

代田二丁目駅（現・新代田駅）で渋谷行を後追い撮影した写真。当時は井の頭線での急行運転はなく、各駅停車のみの運行で、急行停車駅や各停のみ停車駅の区別が無かった。井の頭線は長く急行が無かったが、急行が無くても便利な路線として戦前から人気が高く、各停のみでも充分ターミナル駅へのアクセスがしやすかった。これは、他社の私鉄路線が山手線のターミナル駅と距離が随分離れた郊外を東西に結んだのに対して、井の頭線の前身の帝都電鉄は、比較的都心近郊を南北に結んだからである。◎代田二丁目（現・新代田）1964（昭和39）年4月5日　撮影：荻原二郎

駅ナカの商業施設等、現在の賑やかなプラットホームから比べると、どこか郊外の駅のような落ち着いた雰囲気だった明大前駅。今も昔も幅の広いプラットホームで、広々としたスペースの駅である。これは、山手線の外周を環状する鉄道を計画した東京山手急行電鉄がプラットホームを並べる予定だった名残で、吉祥寺側の玉川上水の水道橋は複々線化を考慮した設計になっている。◎明大前　1961（昭和36）年12月　撮影：小川峯生

井の頭線は、帝都電鉄として1933（昭和8）年に開業。開業にあわせて永福町に車庫が設置された。写真は、1933（昭和8）年頃の永福町の車庫。つまり、開業間もない頃に撮影された写真と推測される。航空機の格納庫を思わす大柄な車庫で、その後屋根の修復が行われた。昭和40年代に検車区や工場が相次いで富士見ヶ丘へ移転した後も、京王バスの車庫として活用され続けた。◎永福町車庫　1933（昭和8）年頃　撮影：八十島義之助（RGG）

1963（昭和38）年当時の永福町検車区で撮影されたクハ1250形のクハ1258。京浜スタイルの1710形を1760形が受け継ぎ、その1760形と同形の車体を旧帝都電鉄の車両に載せた形式が1250形。背景の格納庫風の古い車庫とマッチするレトロな風貌で、京浜急行の薫りが漂う異色の存在だった。
◎永福町検車区
1963（昭和38）年12月25日
撮影：牛島 完（RGG）

井の頭線で活躍した緑のグリーン車がずらりと並んだ往年の永福町車庫。戦時中の空襲を経て、戦後も長く車庫が広がっていた永福町。格納庫風の永福町工場も背景に写る。永福町駅の待避線設置のため、検車区は移転手続を行い1966（昭和41）年から少しずつ富士見ヶ丘へ機能を移し、工場が富士見ヶ丘へ移転した1970（昭和45）年に歴史を閉じた。
◎永福町　1961（昭和36）年12月
撮影：小川峯生

東大駒場キャンパスを背景にして走る荷物電車デニ101。1944（昭和19）年日本鉄道自動車工業（現・東洋工機）製の元・旅客用電車で、東美鉄道（後の名鉄東美線）で導入計画があったが実現せず、東芝車輌（後の東芝府中工場）で従業員輸送用に使用後、1949（昭和24）年に京王が購入した。デハ1751（後にデハ1661へ改番）として井の頭線の旅客輸送で運用されたが、2扉の短い車両のため井の頭線の旅客運用では使い勝手が悪く、1957（昭和32）年に荷物電車デニ101へ改造。「風変わりな井の頭線の電車」として親しまれたが、1971（昭和46）年に廃車された。◎駒場　1957（昭和32）年5月20日　撮影：吉村光夫

1967（昭和42）年当時の高井戸駅と駅周辺。北側から南側を見た風景で、3000系の下り電車が見える。写真当時の高井戸駅は築堤にあり、相対式ホーム2面2線で北側に小さな木造駅舎があった。現在では環状八号線が通り、環状八号線上に島式ホーム1面2線の高架駅になっている。駅の乗降人員は井の頭線で第5位と多い。
◎高井戸　1967（昭和42）年5月　撮影：荒川好夫（RGG）

高井戸駅を発車すると、小高い築堤の
カーブを下りながら浜田山駅へ向けての
直線を目指す。写真は1964（昭和39）年
の風景。続く架線柱の向うには一面の空。
どこか地方の幹線でも見るかのような開
放的な風景が広がっていた。
◎高井戸～浜田山
1964（昭和39）年5月29日
撮影：荒川好夫（RGG）

築堤上に相対ホームがあった時代の高
井戸駅。浜田山、富士見ヶ丘の双方寄
りから築堤が上がり、上りきった場所に
駅があった。現在の駅は環状八号線を
跨ぐように高架化され、島式ホーム1面
2線の高架駅になっている。当時の写真
を見ると、プラットホームの上屋が短
く、とても長閑な駅風景である。
◎高井戸
1964（昭和39）年1月2日
撮影：荒川好夫（RGG）

左に井の頭線の荷物電車デニ101が写る。この車両は、1944（昭和19）年に日本鉄道自動車工業（現・東洋工機）で製造。東芝車輌（後の東芝府中工場）で従業員輸送に使用された後に、1949（昭和24）年に京王が購入して入線した。デハ1750形1751となり、後にデハ1660形1661へ改番。1957（昭和32）年に荷物電車へ転用された。「荷」という種別板での走行のほか、写真のような「回送」の種別板を掲げて走るシーンもあった。
◎富士見ヶ丘～高井戸　1965（昭和40）年1月22日　撮影：荒川好夫（RGG）

帝都電鉄時代からの面影を残していた当時の吉祥寺駅。60年前とは言え、まるで地方私鉄の駅のようだ。駅は頭端式ホーム2面2線で改札口が奥、跨線橋で国鉄と連絡していた。現在も頭端式ホーム2面2線で改札口が奥の位置関係だが、ホームドアの設置された今日の近代的なホームや商業施設で賑わうコンコースからは想像できないぐらいに牧歌的な駅だった。
◎吉祥寺　1961（昭和36）年11月　撮影：小川峯生

3章
京王電鉄の懐かしい駅舎

地上駅時代の京王八王子駅。昭和50年代から昭和末期頃にかけての京王八王子駅は、都心からの大学移転や郊外の宅地開発が
続き、乗降客が右肩上がりだった。駅前の通り沿いにバスの発着場があり、多方面へ向かう路線バスが忙しそうに発着していた。
現在は駅の地下化により、地上のプラットホーム跡がバスターミナルになっている。
◎京王八王子　1970年代後半　撮影：山田虎雄

京王線各駅データ

新宿　しんじゅく
【所在地】東京都新宿区西新宿1-1-4
【開業】1915（大正4）年5月1日
　　　（新宿追分→四谷新宿→京王新宿→新宿）
【キロ程】0.0km（新宿起点）
【ホーム】3面3線
【乗降人員】788,567人
　　　（2019年度・新線新宿を含む）

新線新宿　しんせんしんじゅく
【所在地】東京都新宿区西新宿1-18
【開業】1978（昭和53）年10月31日
【ホーム】1面2線

初台　はつだい
【所在地】東京都渋谷区初台1-53-7
【開業】1914（大正3）年6月11日
　　　（改正橋→初台）
【キロ程】1.7km（新線新宿起点）
【ホーム】2面2線
【乗降人員】65,172人（2019年度）

幡ヶ谷　はたがや
【所在地】東京都渋谷区幡ヶ谷1-2-1
【開業】1913（大正2）年10月11日
【キロ程】2.7km（新線新宿起点）
【ホーム】2面2線
【乗降人員】32,604人（2019年度）

笹塚　ささづか
【所在地】東京都渋谷区笹塚1-56-7
【開業】1913（大正2）年4月15日
【キロ程】3.6km（新宿起点）
【ホーム】2面4線
【乗降人員】82,813人（2019年度）

代田橋　だいたばし
【所在地】東京都世田谷区大原2-18-9
【開業】1913（大正2）年4月15日
【キロ程】4.4km（新宿起点）
【ホーム】2面2線
【乗降人員】20,131人（2019年度）

明大前　めいだいまえ
【所在地】東京都世田谷区松原2-45-1
【開業】京王線、
　　　1913（大正2）年4月15日
　　　（火薬庫前→松原→明大前）
　　　井の頭線、
　　　1933（昭和8）年8月1日
　　　（西松原→明大前）
【キロ程】5.2km（新宿起点）、
　　　4.9km（渋谷起点）
【ホーム】京王線、2面2線
　　　井の頭線、2面2線
【乗降人員】110,961人、
　　　乗り換え177,098人
　　　（2019年度）

下高井戸　しもたかいど
【所在地】東京都世田谷区松原3-29-17
【開業】1913（大正2）年4月15日
　　　（下高井戸→日大前→下高井戸）
【キロ程】6.1km（新宿起点）
【ホーム】2面2線
【乗降人員】44,833人（2019年度）

桜上水　さくらじょうすい
【所在地】東京都世田谷区桜上水5-29-52
【開業】1926（大正15）年4月28日
　　　（北沢車庫前→京王車庫前→桜上水）
【キロ程】7.0km（新宿起点）
【ホーム】2面4線
【乗降人員】38,001人（2019年度）

上北沢　かみきたざわ
【所在地】東京都世田谷区上北沢4-14-3
【開業】1913（大正2）年4月15日
　　　（上北沢→北沢→上北沢）
【キロ程】7.8km（新宿起点）
【ホーム】1面2線
【乗降人員】15,942人（2019年度）

八幡山　はちまんやま
【所在地】東京都世田谷区上高井戸1-1-11
【開業】1918（大正7）年5月1日
　　　（松沢→八幡山）
【キロ程】8.4km（新宿起点）
【ホーム】2面4線（通過線2線あり）
【乗降人員】43,346人（2019年度）

芦花公園　ろかこうえん
【所在地】東京都世田谷区南烏山3-1-16
【開業】1913（大正2）年4月15日
　　　（上高井戸→芦花公園）
【キロ程】9.1km（新宿起点）
【ホーム】2面2線
【乗降人員】14,929人（2019年度）

千歳烏山　ちとせからすやま
【所在地】東京都世田谷区南烏山6-1-1
【開業】1913（大正2）年4月15日
　　　（烏山→千歳烏山）
【キロ程】9.9km（新宿起点）
【ホーム】2面2線
【乗降人員】83,257人（2019年度）

仙川　せんがわ
【所在地】東京都調布市仙川町1-43
【開業】1913（大正2）年4月15日
　　　（下仙川→仙川）
【キロ程】11.5km（新宿起点）
【ホーム】2面2線
【乗降人員】82,714人（2019年度）

つつじヶ丘　つつじがおか
【所在地】東京都調布市西つつじヶ丘3-35-1
【開業】1913（大正2）年4月15日
　　　（金子→つつじヶ丘）
【キロ程】12.5km（新宿起点）
【ホーム】2面4線
【乗降人員】45,169人（2019年度）

柴崎　しばさき
【所在地】東京都調布市菊野台2-67-11
【開業】1913（大正2）年4月15日
【キロ程】13.3km（新宿起点）
【ホーム】2面2線
【乗降人員】18,042人（2019年度）

国領　こくりょう
【所在地】東京都調布市国領町3-18-1
【開業】1913（大正2）年4月15日
【キロ程】14.2km（新宿起点）
【ホーム】1面2線
【乗降人員】38,713人（2019年度）

布田　ふだ
【所在地】東京都調布市国領町5-67-1
【開業】1917（大正6）年
【キロ程】14.9km（新宿起点）
【ホーム】1面2線
【乗降人員】16,784人（2019年度）

調布　ちょうふ
【所在地】東京都調布市布田4-32-1
【開業】1913（大正2）年4月15日
【キロ程】15.5km（新宿起点）
【ホーム】2面4線
【乗降人員】130,065人（2019年度）

西調布　にしちょうふ
【所在地】東京都調布市上石原1-25-17
【開業】1916（大正5）年9月1日
　　　（上石原→西調布）
【キロ程】17.0km（新宿起点）
【ホーム】2面2線
【乗降人員】17,610人（2019年度）

飛田給　とびたきゅう
【所在地】東京都調布市飛田給1-42-11
【開業】1916（大正5）年9月1日
【キロ程】17.7km（新宿起点）
【ホーム】2面3線
【乗降人員】28,284人（2019年度）

武蔵野台　むさしのだい
【所在地】東京都府中市白糸台4-18-4
【開業】1916（大正5）年10月31日
　　　（車返→武蔵野台）
【キロ程】18.8km（新宿起点）
【ホーム】2面2線
【乗降人員】26,232人（2019年度）

多磨霊園　たまれいえん
【所在地】東京都府中市清水が丘3-26-11
【開業】1916（大正5）年10月31日
　　　　（多磨→市公園墓地前→多磨霊園）
【キロ程】19.6km（新宿起点）
【ホーム】2面2線
【乗降人員】13,046人（2019年度）

東府中　ひがしふちゅう
【所在地】東京都府中市清水が丘1-8-3
【開業】1935（昭和10）年11月12日
　　　　（臨時競馬場前→東府中）
【キロ程】20.4km（新宿起点）
【ホーム】3面4線
【乗降人員】21,274人（2019年度）

府中　ふちゅう
【所在地】東京都府中市宮町1-1-10
【開業】1916（大正5）年10月31日
【キロ程】21.9km（新宿起点）
【ホーム】2面4線
【乗降人員】88,769人（2019年度）

分倍河原　ぶばいがわら
【所在地】東京都府中市片町2-21-18
【開業】1925（大正14）年3月24日
　　　　（屋敷分→分倍河原）
【キロ程】23.1km（新宿起点）
【ホーム】2面2線
【乗降人員】95,121人（2019年度）

中河原　なかがわら
【所在地】東京都府中市住吉町2-1-16
【開業】1925（昭和14）年3月24日
【キロ程】24.7km（新宿起点）
【ホーム】2面2線
【乗降人員】25,845人（2019年度）

聖蹟桜ヶ丘　せいせきさくらがおか
【所在地】東京都多摩市関戸1-10-10
【開業】1925（大正14）年3月24日
　　　　（関戸→聖蹟桜ヶ丘）
【キロ程】26.3km（新宿起点）
【ホーム】2面2線
【乗降人員】65,246人（2019年度）

百草園　もぐさえん
【所在地】東京都日野市百草209
【開業】1925（大正14）年3月24日
　　　　（百草→百草園）
【キロ程】28.0km（新宿起点）
【ホーム】2面2線
【乗降人員】7,620人（2019年度）

高幡不動　たかはたふどう
【所在地】東京都日野市高幡139
【開業】1925（大正14）年3月24日
　　　　（高幡→高幡不動）
【キロ程】29.7km（新宿起点）
【ホーム】3面5線
【乗降人員】58,426人（2019年度）

南平　みなみだいら
【所在地】東京都日野市南平6-9-31
【開業】1926（大正15）年4月28日
【キロ程】32.1km（新宿起点）
【ホーム】2面2線
【乗降人員】10,722人（2019年度）

平山城址公園　ひらやまじょうしこうえん
【所在地】東京都日野市平山5-18-10
【開業】1925（大正14）年3月24日
　　　　（平山→平山城址公園）
【キロ程】33.4km（新宿起点）
【ホーム】2面2線
【乗降人員】8,402人（2019年度）

長沼　ながぬま
【所在地】東京都八王子市長沼町700
【開業】1925（大正14）年3月24日
【キロ程】34.9km（新宿起点）
【ホーム】2面2線
【乗降人員】4,034人（2019年度）

北野　きたの
【所在地】東京都八王子市打越町335-1
【開業】1925（大正14）年3月24日
【キロ程】36.1km（新宿起点）
【ホーム】2面4線
【乗降人員】23,006人（2019年度）

京王八王子　けいおうはちおうじ
【所在地】東京都八王子市明神町3-27-1
【開業】1925（大正14）年3月24日
　　　　（東八王子→京王八王子）
【キロ程】37.9km（新宿起点）
【ホーム】1面2線
【乗降人員】58,124人（2019年度）

京王多摩川　けいおうたまがわ
【所在地】東京都調布市多摩川4-40-1
【開業】1616（大正5）年6月1日
　　　　（多摩川原→京王多摩川）
【キロ程】1.2km（調布起点）
【ホーム】2面2線
【乗降人員】17,021人（2019年度）

京王稲田堤　けいおういなだづつみ
【所在地】神奈川県川崎市多摩区菅4-1-1
【開業】1971（昭和46）年4月1日
【キロ程】2.5km（調布起点）
【ホーム】2面2線
【乗降人員】57,300人（2019年度）

京王よみうりらんど
けいおうよみうりらんど
【所在地】東京都稲城市矢野口2200-1
【開業】1971（昭和46）年4月1日
【キロ程】3.9km（調布起点）
【ホーム】2面2線
【乗降人員】13,687人（2019年度）

稲城　いなぎ
【所在地】東京都稲城市東長沼3108
【開業】1974（昭和49）年10月18日
【キロ程】5.5km（調布起点）
【ホーム】2面2線
【乗降人員】21,522人（2019年度）

若葉台　わかばだい
【所在地】神奈川県川崎市麻生区黒川609
【開業】1974（昭和49）年10月18日
【キロ程】8.8km（調布起点）
【ホーム】2面4線
【乗降人員】26,954人（2019年度）

京王永山　けいおうながやま
【所在地】東京都多摩市永山1-18-1
【開業】1974（昭和49）年10月18日
【キロ程】11.4km（調布起点）
【ホーム】2面2線
【乗降人員】46,013人（2019年度）

京王多摩センター　けいおうたませんたー
【所在地】東京都多摩市落合1-10-2
【開業】1974（昭和49）年10月18日
【キロ程】13.7km（調布起点）
【ホーム】2面4線
【乗降人員】90,353人（2019年度）

京王堀之内　けいおうほりのうち
【所在地】東京都八王子市堀之内3-24-4
【開業】1988（昭和63）年5月21日
【キロ程】16.0km（調布起点）
【ホーム】2面2線
【乗降人員】32,280人（2019年度）

南大沢　みなみおおさわ
【所在地】東京都八王子市南大沢2-1-6
【開業】1988（昭和63）年5月21日
【キロ程】18.2km（調布起点）
【ホーム】2面2線
【乗降人員】63,422人（2019年度）

多摩境　たまさかい
【所在地】東京都町田市小山ヶ丘3-23
【開業】1991（平成3）年4月6日
【キロ程】20.1km（調布起点）
【ホーム】2面2線
【乗降人員】20,530人（2019年度）

橋本　はしもと
【所在地】神奈川県相模原市緑区橋本2-3-2
【開業】1990（平成2）年3月30日
【キロ程】22.6km（調布起点）
【ホーム】1面2線
【乗降人員】98,086人（2019年度）

府中競馬正門前　ふちゅうけいばせいもんまえ
【所在地】東京都府中市八幡町1-18
【開業】1955（昭和30）年4月29日
【キロ程】0.9km（東府中起点）
【ホーム】1面2線
【乗降人員】2,922人（2019年度）

多摩動物公園　たまどうぶつこうえん
【所在地】東京都日野市程久保3-36-39
【開業】1964（昭和39）年4月29日
【キロ程】2.0km（高幡不動起点）
【ホーム】1面2線
【乗降人員】6,073人（2019年度）

京王片倉　けいおうかたくら
【所在地】東京都八王子市片倉町39-4
【開業】1931（昭和6）年3月20日（片倉）
【休止】1945（昭和20）年1月21日
【復活】1967（昭和42）年10月1日（京王片倉）
【キロ程】1.7km（北野起点）
【ホーム】2面2線
【乗降人員】5,054人（2019年度）

山田　やまだ
【所在地】東京都八王子市緑町434
【開業】1931（昭和6）年3月20日
【休止】1945（昭和20）年1月21日
【復活】1967（昭和42）年10月1日
【キロ程】3.2km（北野起点）
【ホーム】2面2線
【乗降人員】5,231人（2019年度）

めじろ台　めじろだい
【所在地】東京都八王子市めじろ台1-100-1
【開業】1967（昭和42）年10月1日
【キロ程】4.3km（北野起点）
【ホーム】2面2線
【乗降人員】16,780人（2019年度）

狭間　はざま
【所在地】東京都八王子市東浅川町773
【開業】1967（昭和42）年10月1日
【キロ程】5.8km（北野起点）
【ホーム】2面2線
【乗降人員】7,820人（2019年度）

高尾　たかお
【所在地】東京都八王子市初沢町1227-3
【開業】1967（昭和42）年10月1日
【キロ程】6.9km（北野起点）
【ホーム】1面2線
【乗降人員】26,683人（2019年度）

高尾山口　たかおさんぐち
【所在地】東京都八王子市高尾町2241
【開業】1967（昭和42）年10月1日
【キロ程】8.6km（北野起点）
【ホーム】1面2線
【乗降人員】10,431人（2019年度）

渋谷　しぶや
【所在地】東京都渋谷区道玄坂1-4-1
【開業】1933（昭和8）年8月1日
【キロ程】0.0km（渋谷起点）
【ホーム】2面2線
【乗降人員】360,655人（2019年度）

神泉　しんせん
【所在地】東京都渋谷区神泉町4-6
【開業】1933（昭和8）年8月1日
【キロ程】0.5km（渋谷起点）
【ホーム】2面2線
【乗降人員】11,328人（2019年度）

駒場東大前　こまばとうだいまえ
【所在地】東京都目黒区駒場3-9-1
【開業】1933（昭和8）年8月1日
　　　　（東駒場→一高前→東大前、西
　　　　駒場→駒場）
　　　　1965（昭和40）年7月11日
　　　　（東大前と駒場が統合→駒場東
　　　　大前）
【キロ程】1.4km（渋谷起点）
【ホーム】1面2線
【乗降人員】37,851人（2019年度）

池ノ上　いけのうえ
【所在地】東京都世田谷区代沢2-43-8
【開業】1933（昭和8）年8月1日
【キロ程】2.4km（渋谷起点）
【ホーム】1面2線
【乗降人員】9,466人（2019年度）

下北沢　しもきたざわ
【所在地】東京都世田谷区北沢2-23-9
【開業】1933（昭和8）年8月1日
【キロ程】3.0km（渋谷起点）
【ホーム】1面2線
【乗降人員】115,580人（2019年度）

新代田　しんだいた
【所在地】東京都世田谷区代田5-30-18
【開業】1933（昭和8）年8月1日
　　　　（代田二丁目→新代田）
【キロ程】3.5km（渋谷起点）
【ホーム】2面2線
【乗降人員】9,619人（2019年度）

東松原　ひがしまつばら
【所在地】東京都世田谷区松原5-2-6
【開業】1933（昭和8）年8月1日
【キロ程】4.0km（渋谷起点）
【ホーム】1面2線
【乗降人員】18,499人（2019年度）

永福町　えいふくちょう
【所在地】東京都杉並区永福2-60-31
【開業】1933（昭和8）年8月1日
【キロ程】6.0km（渋谷起点）
【ホーム】2面4線
【乗降人員】33,308人（2019年度）

西永福　にしえいふく
【所在地】東京都杉並区永福3-36-1
【開業】1933（昭和8）年8月1日
【キロ程】6.7km（渋谷起点）
【ホーム】1面2線
【乗降人員】18,838人（2019年度）

浜田山　はまだやま
【所在地】東京都杉並区浜田山3-31-2
【開業】1933（昭和8）年8月1日
【キロ程】7.5km（渋谷起点）
【ホーム】1面2線
【乗降人員】30,158人（2019年度）

高井戸　たかいど
【所在地】東京都杉並区高井戸西2-1-26
【開業】1933（昭和8）年8月1日
【キロ程】8.7km（渋谷起点）
【ホーム】1面2線
【乗降人員】44,197人（2019年度）

富士見ヶ丘　ふじみがおか
【所在地】東京都杉並区久我山5-1-25
【開業】1933（昭和8）年8月1日
【キロ程】9.4km（渋谷起点）
【ホーム】1面2線
【乗降人員】13,958人（2019年度）

久我山　くがやま
【所在地】東京都杉並区久我山4-1-11
【開業】1933（昭和8）年8月1日
【キロ程】10.2km（渋谷起点）
【ホーム】1面2線
【乗降人員】40,879人（2019年度）

三鷹台　みたかだい
【所在地】東京都三鷹市井の頭1-32-1
【開業】1933（昭和8）年8月1日
【キロ程】11.2km（渋谷起点）
【ホーム】2面2線
【乗降人員】22,072人（2019年度）

井の頭公園　いのかしらこうえん
【所在地】東京都三鷹市井の頭3-35-12
【開業】1933（昭和8）年8月1日
　　　　（井之頭公園→井ノ頭公園→
　　　　井の頭公園）
【キロ程】12.1km（渋谷起点）
【ホーム】2面2線
【乗降人員】6,814人（2019年度）

吉祥寺　きちじょうじ
【所在地】東京都武蔵野市吉祥寺南町2-1-25
【開業】1934（昭和9）年4月1日
【キロ程】12.7km（渋谷起点）
【ホーム】2面2線
【乗降人員】146,901人（2019年度）

1945（昭和20）年に新宿追分から現在地の新宿に移設された京王線新宿駅。写真左から国鉄、小田急、京王の各新宿駅が並んでいる。小田急も京王も駅の改築工事中であり、京王の場合は京王百貨店を建設し、駅を地下に移動するという大工事であった。右下は西口広場で都内最大のバスターミナルとして利用されていた。◎新宿　1963（昭和38）年2月9日　撮影：荻原二郎

新宿駅付近　1964（昭和39）年9月8日
手前（西）側に淀橋浄水場のろ過池が見える新宿駅付近の空撮である。この後、西口駅前には地下駐車場が建設され、淀橋浄水場に代わって、都庁を含んだビル群が出現することとなる。この頃、既に小田急百貨店（現・小田急ハルク）が開店し、京王百貨店の駅ビルも建設中だった。一方、東口側には新宿ステーションビルが建っている。右手奥（南西）には新宿御苑の緑の一部が見える。新宿通りには、新宿三丁目方面に向かって、伊勢丹百貨店などのビルが建ち並んでいる。◎撮影：朝日新聞社

地上駅時代の新宿駅。新宿駅の地下化は1963 (昭和38) 年で、写真は2年前の1961 (昭和36) 年当時の様子。京王線最大のターミナル駅であることは、今も昔も変わらないが、まるで郊外の終着駅のような姿だった。駅舎の向うのプラットホームから乗って、併用軌道を走り、その後に長閑だった沿線を車窓に写し、多摩動物公園や野猿峠、高尾山へ行ってみたいと感じる昔日の新宿駅である。◎新宿　1961 (昭和36) 年12月　撮影：小川峯生

1963 (昭和38) 年4月に、ついに新宿駅が地下駅に。18m級6両対応の5面4線の地下駅が誕生。地上に出れば、翌年の完成を目指して京王百貨店の建設が行われていた。写真はその年の大晦日に撮影されたもの。翌年にはアジア初の東京オリンピックを控え、国鉄では新幹線開業前の準備中の頃。伸びゆく鉄道の未来を見ることができた良き時代だった。
◎新宿　1963 (昭和38) 年12月31日　撮影：荻原二郎

初台駅は改正橋駅として1914（大正３）年に開業。1919（大正８）年に初台駅へ改称した。初台とは、太田道灌が築いた一の砦が由来とされている。写真は地下ホームになる前の地上時代の初台駅。初台駅のホームの地下化は1964（昭和39）年で、写真の翌年には地下化された。地上時代には、写真のような趣ある駅舎が建っていた。この駅舎は、府中〜東八王子間を開通させた玉南電気鉄道の車両規格に合わせて駅を改修した際に設けられた。◎初台　1963（昭和38）年４月４日　撮影：荻原二郎

地上駅時代の幡ヶ谷駅。新宿〜笹塚間に数多くあった駅の中で生き残ったのは、初台駅と幡ヶ谷駅の２駅だった。初台駅は1964（昭和39）年に地下駅となったが、幡ヶ谷駅は京王新線開通の1978（昭和53）年まで地上駅であり続けた。写真は1965（昭和40）年で旧型車のグリーン車が写るが、後の時代にこの幡ヶ谷の地上駅を20m級の6000系も走っていたかと思うと驚きを隠せない。結局は、京王新線開通により、初台駅と共に新線の地下へ駅を移転した。
◎幡ヶ谷　1965（昭和40）年１月１日　撮影：荻原二郎

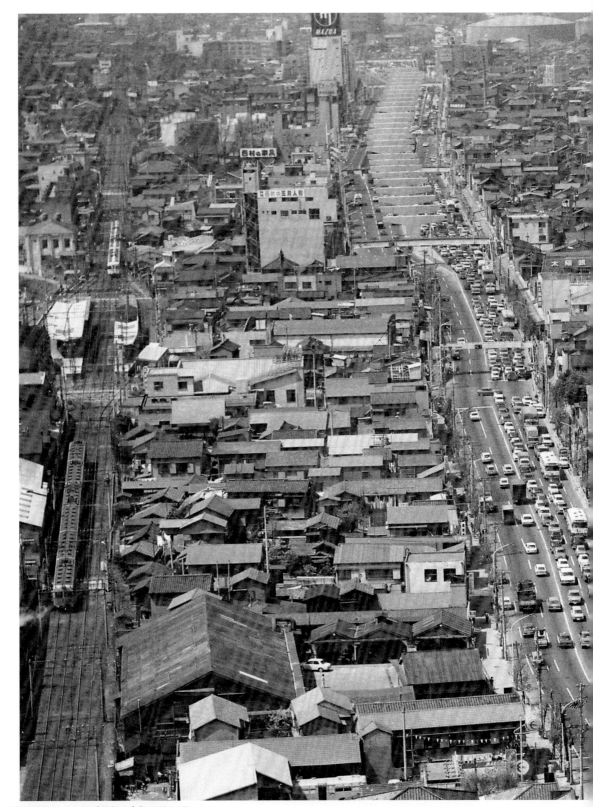

笹塚駅付近　1969（昭和44）年4月24日
甲州街道に沿って走る京王線笹塚駅付近の空撮写真である。左奥に見える笹塚駅は、この頃は地上駅であり、1978（昭和53）年に高架化された後、主に地下を走る京王新線が開通することになる。この当時は甲州街道（国道20号）の上には首都高速4号新宿線は開通しておらず、沿道にはビルの姿もほとんどなかった。中央右手（北）に見える渋谷区立笹塚小学校は、1920（大正9）年に豊多摩郡代々幡町の幡代尋常高等小学校笹塚分教場として開校している。◎撮影：朝日新聞社

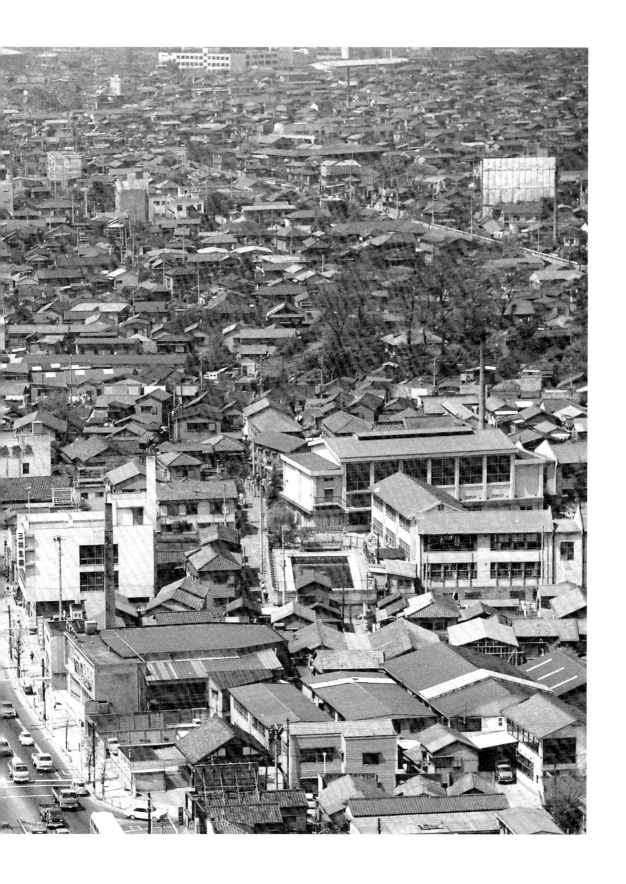

京王の新宿駅が新宿追分駅として開業したのは1915（大正4）年。笹塚駅はそれよりも早く1913（大正2）年に開業した。これは、用地買収などで難航する東側の開業を後にし、笹塚～調布間を先行的に開業したからだ。よって、かつての笹塚駅は車庫も備えていた。写真は地上駅時代の笹塚駅と駅舎で1965（昭和40）年の撮影。13年後の1978（昭和53）年には、駅が高架化され、京王新線が開業したが、写真当時は現在と比べればのんびりした地上駅だった。
◎笹塚　1965（昭和40）年1月1日　撮影：荻原二郎

代田橋駅は、多くの駅が駅名改称してきた中にあって、開業以来一度も改称せずに通してきた駅名を持つ。代田橋とは、玉川上水に架かっていた橋の名で、甲州街道の橋の名である。写真は地上に駅舎があった時代。その後のプラットホーム延伸などで改札口と駅施設のみ地下へ移った。近い将来は、連続立体交差事業により、島式ホーム1面2線の高架駅になる予定である。
◎代田橋　1965（昭和40）年1月1日　撮影：荻原二郎

明大前の駅名は、まさしく明治大学前の略。駅近くの甲州街道北側に当時の明治大学予科が移転し、1935（昭和10）年に松原駅から明大前駅となった。京王線と井の頭線が交差する駅で、京王線、井の頭線ともに乗降客数は多いが、それに加えて乗り換えの利用者が多い。井の頭線は掘割に位置し、上を京王線が走り、その中間に駅舎が建つ構造。写真は、1964（昭和39）年当時の駅舎。学生の街で住宅地の駅という雰囲気の三角屋根だった。◎明大前　1964（昭和39）年9月27日　撮影：荻原二郎

下高井戸駅の旧駅舎と西側の踏切が写り、新宿行急行が通過する。下高井戸駅周辺は商店と住宅が混在する密集地で、日本大学文理学部の最寄り駅でもあり、駅前の踏切は多くの往来があった。この踏切には平成に入っても踏切保安係が居て、踏切警手の小屋があり、手動による遮断機だった。駅の橋上駅舎化は1993（平成5）年。これにより南北自由通路が設置され、踏切の混雑が緩和。踏切保安係による手動から自動踏切警報機と自動遮断機へ変更された。
◎下高井戸　1965（昭和40）年1月10日　撮影：荻原二郎

1965（昭和40）年に撮影の駅舎とプラットホームで、当時は構内踏切で結ばれていた。写真右側は都道の踏切で別名水道踏切。現在の運行状況で京王線の構内踏切は考えられないが、1960年代頃までは、構内踏切でも何とかやり過ごせたのであろう。構内踏切廃止後は地下道で連絡するようになり、2008（平成20）年の橋上駅舎化まで地下道が使用されていた。
◎桜上水　1965（昭和40）年1月10日　撮影：荻原二郎

島式ホーム1面2線の駅に構内通路が写る。上北沢駅の構内通路は、1994（平成6）年に廃止されるまで存在し、10両に対応したホーム延伸工事のため姿を消した。現在も島式ホーム1面2線が地上にあるが、駅舎部分は地下に位置する。将来的に連続立体交差事業が完成すれば、地上駅の姿も昔語りになるだろう。◎上北沢　1965（昭和40）年1月10日　撮影：荻原二郎

駅周辺は、昭和30年代に宅地開発が始まる前は、水田や畑が広がる農村風景だった。プラットホームが短く狭小だった時代には、一部の各駅停車が通過したこともある。駅の高架化は1970（昭和45）年。写真は地上駅時代の駅舎で簡素な造りだった。
◎八幡山　1965（昭和40）年1月10日　撮影：荻原二郎

徳富蘆花の恒春園に由来する芦花公園。元の駅名は上高井戸駅だったが、1937（昭和12）年に芦花公園駅へ改称した。写真は昭和40年代初めに撮影された駅の様子。改札口に上屋が付いた簡素な駅舎が写るが、背景には建築事務所や喫茶店が建ち、住宅地の駅前を感じさせる。1982（昭和57）年に駅舎の地下化を行った後、平成22年に橋上駅舎化された。
◎芦花公園　1966（昭和41）年2月18日　撮影：荻原二郎

千歳烏山駅の駅名は、昔この地が千歳村烏山だったことに由来する。1913（大正2）年の開業当初は宿場からはずれた農村地帯の駅だったが、関東大震災や戦後の郊外移住などで宅地化が進み、商店街も発展。駅は1957（昭和32）年に待避線を金子（現・つつじヶ丘）駅へ移転するまで島式ホーム2面4線であった。写真はオリンピックが開催された昭和39年当時の様子。高度経済成長期、1960年代に入ってさらに宅地開発が進み、駅は多くの利用者で賑わった。
◎千歳烏山　1964（昭和39）年11月15日　撮影：荻原二郎

たくさんの制服姿で混雑する仙川駅。駅前に風情のある松の木が立つ。駅周辺には都立高校や私立の伝統校があり、文教地区でもある。駅舎は掘割の上に建ち、プラットホームは掘割の中に位置している。かつては島式ホーム1面2線だったが、1996（平成8）年に掘割を削って上りホームを増設し、単式ホーム2面2線になっている。
◎仙川　1964（昭和39）年11月15日　撮影：荻原二郎

京王が宅地開発した「つつじヶ丘住宅地」の分譲開始は1957（昭和32）年。それに伴い駅名を金子からつつじヶ丘へ改称した。写真は分譲開始7年後の駅の様子。写真が撮影された1964（昭和39）年11月15日は日曜日。駅舎には京王百貨店開店の看板が掲げられ、同店は11月1日にオープンしたばかり。京王に乗って、ターミナルデパート見物へ向かう人たちだろうか。駅がかなり混雑している。◎つつじヶ丘　1964（昭和39）年11月15日　撮影：荻原二郎

1964（昭和39）年当時の柴崎駅と駅舎。相対式ホーム2面2線など、基本的な駅構造はあまり変わりないが、当時は今とは異なり、郊外らしい広々とした印象だった。国領、布田の各駅が2012（平成24）年に地下駅となる中、柴崎駅は地上駅のまま現存しており、写真の駅舎はもうないが、昔の面影を残す駅のひとつと言えるだろう。
◎柴崎　1964（昭和39）年9月27日　撮影：荻原二郎

調布駅付近　1987（昭和62）年9月30日
島式ホーム2面4線を有する地上駅だった頃の調布駅で、この駅を出てすぐに京王線と相模原線に分岐している。調布駅は2012（平成24）年に地下駅に変わり、2017（平成29）年に駅ビル「トリエ京王調布」が建設される。駅の右（北）側には旧甲州街道（都道119号）、甲州街道（国道20号）が走っており、この時期には既に旧甲州街道沿いに西友調布店が店舗を構えていた。この後、西友と向かい合う形で、1989（平成元）年に調布パルコが誕生することとなる。◎撮影：朝日新聞社

都道の踏切脇にあった国領駅の駅舎。左は売店で新聞などが見える。どこか東京下町の駅を感じさせる飾り気のない佇まいであった。駅の地下駅化に伴い、駅跡地を含めた再開発が今日では進み、34階建ての高層ビルやマンションが建っている。今と昔を比べるうえでも、このような写真は大切な地域の歴史写真だ。◎国領　1964（昭和39）年5月31日　撮影：荻原二郎

踏切脇に駅があり、国領駅とよく似た駅構造だったが、プラットホームがカーブ上にあるため、電車が傾きながら停車していた。地下駅化された今日では、そのような事もすでに昔語りとなった。ちなみに布田駅は調布市国領町に所在し、調布駅は同市布田町に所在する。◎布田　1964（昭和39）年5月31日　撮影：荻原二郎

1960年代の調布市は、新宿への利便性が高い私鉄沿線として急速に人口が増加していた時代である。1960（昭和35）年に6万8千人だった人口が、わずか5年後の1965（昭和40）年には11万8千人にまで上がり、市の中心駅である調布駅は年々利用者を伸ばしていた。一方で写真を見ると、駅前の燃料店にプロパンガスの文字が大きく見え、都市ガスが今ほど普及していなかったことを感じさせる。◎調布　1964（昭和39）年5月31日　撮影：荻原二郎

西調布駅は調布市上石原に所在し、1959（昭和34）年に西調布駅へ改称するまで上石原駅だった。中央自動車道が交差する駅として、知る人ぞ知る存在である。踏切があって駅舎が建ち相対式ホームがあるのは、かつてのこのあたりの駅のパターン。写真には当時の簡素な駅舎が写るが、後に小さな事務所のような駅舎に建て替えられ、2011（平成23）年には橋上駅舎化されている。◎西調布　1964（昭和39）年5月17日　撮影：荻原二郎

駅の改札ラッチは木製、網駕籠を載せた原付バイク、写真の駅は昭和そのもの。この駅が将来、サッカーファンで賑わうことになる。飛田給駅が発展する契機になったのは、東京スタジアム開業にあわせた駅改良工事だった。2001 (平成13) 年に2面2線の駅に1線を増設して2面3線化を図り、さらにグッドデザイン賞を受賞したドーム型の橋上駅舎を建設。今や特急や準特急などが臨時停車する駅となった。◎飛田給　1964 (昭和39) 年5月17日　撮影：荻原二郎

駅舎の出札口付近に手小荷物取扱所の札や伝言板が見られ、駅横のたばこ店には、電報・電話の看板が掛かる。写真奥に鳥居型ののりば案内が立ち、府中・分倍河原・高幡不動・京王八王子方面のりばと記されている。元の駅名は車返駅だったが、1959 (昭和34) 年に武蔵野台駅へ改称。2010 (平成22) 年に橋上駅舎になった。
◎武蔵野台　1964 (昭和39) 年5月17日　撮影：荻原二郎

寺院風の特徴ある駅舎だった多磨霊園駅。墓参が似合う駅舎だった。駅名は1932（昭和7）年に多磨駅から市公園墓地前駅へ改称。ちなみに、この市とは府中市ではなく東京市のこと。さらに1937（昭和12）年に多磨霊園駅へ改称した。駅と多磨霊園はおよそ2km離れており、市公園墓地前駅から多磨霊園駅へ改称時に前を付けない駅名になった。駅舎はその後事務所のような普通の駅舎に建て替えられ、2010（平成22）年に橋上駅舎化された。◎多磨霊園　1964（昭和39）年5月17日　撮影：荻原二郎

府中寄りに1916（大正5）年に開業した八幡前駅が、東府中駅へ改称後、現在地に1935（昭和10）年に開業した臨時競馬場前駅と1940（昭和15）年に統合して東府中駅となる。そして、1955（昭和30）年の競馬場線開業で分岐駅に。駅直近の踏切は、旧陸軍、米軍の関係で拡張されたもので現在も広く、まるで併用軌道を電車が走るような光景である。北口と南口に建て替えられた平屋の駅舎があったが、2011（平成23）年に橋上駅舎になった。◎東府中　1964（昭和39）年5月17日　撮影：荻原二郎

府中駅付近　1984（昭和59）年7月4日
府中市宮町1丁目の上空から見た府中駅付近の空撮写真。この左下（南）側には大国魂神社が鎮座しており、宮町の地名の由来
となっている。中央を横切るように走る京王線の上（北）側には甲州街道（国道20号）が走っており、駅の東西で小金井街道（都
道15号）、府中街道（都道17号）と交差している。この時期、駅の北側には府中グリーンプラザ、南側には西友のビルが存在し
ていた。左上（北西）に見える校庭、校舎は古い歴史をもつ府中市立府中第一小学校である。◎撮影：朝日新聞社

1955（昭和30）年に競馬場線とともに開業。最も東京競馬場正門に近い駅となり、アクセスが便利になった。駅名は、東京競馬場前とならず、通称の府中競馬場からとった駅名となったのは、当時、国鉄中央本線の下河原支線に東京競馬場前駅が存在したからで、同駅は1973（昭和48）年に廃止されている。写真は1964（昭和39）年当時の駅。後に駅は利用に応じた改修工事を繰り返している。競馬場線や府中競馬正門前駅の乗降客数は、京王電鉄の中で一番少ないが、これは競馬開催日の利用を見込んだ路線のためで定期券利用者が少ないためだ。競馬開催日に備えた両方向のドアに対応した幅広のプラットホームやずらりと並んだ改札ラッチなど、多客時を想定した駅構造が特徴だ。◎府中競馬正門前　1964（昭和39）年5月17日　撮影：荻原二郎

府中駅南口にあった旧駅舎。府中駅は、京王電気軌道と府中〜東八王子間を開通させた玉南電気鉄道の接点となった駅で、南口は古くからの駅玄関口。かつての駅北側には貨物側線が広がり、駅への出入口が無かったが、写真当時は北口駅舎が建ち、南口と北口は地下通路で結ばれていた。撮影日は高幡不動駅から分岐する現：動物園線の開業日。駅舎の玄関口に「開通　多摩動物公園線」の立て看板が見える。◎府中　1964（昭和39）年4月29日　撮影：荻原二郎

駅は府中市片町に所在。駅を出ると分倍河原商店街が続く。地形的に面白いところで、駅を出た段丘の下にロータリーがあり、バスが発着している。新田義貞が鎌倉幕府討幕のために戦った分倍河原古戦場から分倍河原の分倍が生まれたという説も伝わる。ロータリーには、新田義貞の像がある。◎分倍河原　昭和50年代後半　撮影：山田虎雄

駅名から想像できるように、多摩川の河原に位置する地域で、地上駅時代の一時代は、中河原駅から砂利採掘用のトロッコ軌道が敷かれていた。付近には鎌倉街道の踏切があり、交通量が増えてくると混雑するようになり、駅の高架化が1974（昭和49）年に行われた。多摩川河川敷に近い駅なので、多摩川の花火大会時に、通常は通過している特急などが臨時停車していた時期もある。◎中河原　1964（昭和39）年3月29日　撮影：荻原二郎

聖蹟桜ヶ丘駅付近　1984（昭和59）年7月4日
川崎街道（都道41号）の下（南）側、多摩市東寺方1丁目の上空から見た京王線の聖蹟桜ヶ丘駅付近の空撮写真で、上（北）側に
多摩川の流れが見える。聖蹟桜ヶ丘駅は1969（昭和44）年に高架化されており、この写真の撮影の頃には聖蹟桜ヶ丘駅周辺総
合開発の工事が進められていた。1986（昭和61）年には、京王聖蹟桜ヶ丘ショッピングセンターがオープンし、2年後の1988
年には京王帝都電鉄（現・京王電鉄）本社が新宿から移転してくる。◎撮影：朝日新聞社

戦前の駅名は関戸。関戸とは、鎌倉幕府の関所があったことに由来し、中河原と関戸を結んだ関戸の渡しでも知られた地名で、駅所在地の地名でもある。聖蹟桜ヶ丘駅の駅名は、天皇の行幸地「聖蹟」に由来するもので、明治天皇の御狩場が付近にあり、1930（昭和5）年に多摩聖蹟記念館が建設されたことにちなむ。一方、桜ヶ丘は付近の住宅地名で、京王により本格的に整備されたのは昭和30年代に入ってからのこと。京王がガス会社まで設立して、ガスの供給も行った画期的な住宅地だった。写真は、そのような新しいまちづくりの黎明期にあった地上時代の駅舎で、多摩市市制施行前の1969（昭和44）年に高架化された。
◎聖蹟桜ヶ丘　1964（昭和39）年1月15日　撮影：荻原二郎

京王百草園の下車駅。百草園は江戸享保年間に造営され、京王に移管されたのは昭和32年のことだった。元の駅名は園が付かない地名から百草駅だったが、1937（昭和12）年に百草園駅へ改称された。当時の駅周辺は駅前を出ると水田地帯で、長閑な風景を見ながら百草園への坂道を登ったのだろう。現在の駅舎は橋上駅舎になっている。
◎百草園　1964（昭和39）年3月29日　撮影：荻原二郎

現在の橋上駅舎から数えて前の前の駅舎。ショッピングセンターやモノレールと直結した都会的な駅舎になった今日からすると、半世紀という歳月を感じる。駅は日野市高幡にあり、1937（昭和12）年に高幡駅から沿線の名所にちなんだ駅名へ改称して、高幡不動駅になった。写真は日曜日に撮影されたもの。高幡不動尊へお参りに行った人たちだろうか？高幡不動尊とは通称で、正式には高幡山明王院金剛寺。境内には府中〜東八王子（現・京王八王子）間を開業した玉南電気鉄道の記念碑が立つ。
◎高幡不動　1964（昭和39）年3月15日　撮影：荻原二郎

1964（昭和39）年4月、高幡不動駅から分岐する2kmの多摩動物公園線（現・動物園線）と多摩動物公園駅が開業した。写真はその開業日の様子で、たくさんの人で賑わい、子どもたちはお出かけ用の服で楽しそうに歩いている。現在は島式ホーム1面2線だが、元は島式ホームの両端に降車用ホームがあり、両側のドアが開く構造だった。多摩都市モノレールの駅が開業した2000（平成12）年に京王れーるランドが駅舎内にオープン。2013（平成25）年に山側の駅前広場へ移転し、車両の屋外展示なども備えた施設となった。◎多摩動物公園　1964（昭和39）年4月29日　撮影：荻原二郎

高幡不動駅付近　1984（昭和59）年3月29日
日野市の名刹、真言宗智山派別格本山の金剛寺（高幡不動）の名称が付いている京王線の高幡不動駅。この頃、既に多摩動物公園（現・動物園）線との接続駅だったが、現在は多摩モノレール線とも連絡している。駅の左（東）側に見える京王高幡ビルは、2004（平成16）年に京王高幡ショッピングセンターに建て替えられた後、2007（平成19）年に3階に東西自由通路が設けられ、京王線と多摩モノレール線の乗り換え通路となっている。◎撮影：朝日新聞社

当時のプラットホームには野猿峠ハイキングコースの木柱が建ち、駅前広場には多摩丘陵の案内板も立っていた。野猿峠ハイキングコースは、昭和30年代頃まで京王が力を入れていた事業で、かつては多くのハイカーが訪れた。写真当時の駅周辺は長閑な風景に民家が点在したところだったが、ハイキングコースを含めて宅地化が進み、ハイキングコースも一部が残る程度になっている。◎南平　1964（昭和39）年3月15日　撮影：荻原二郎

水筒を持った子どもたちが写る駅。元の駅名は平山駅だったが、京王が野猿峠ハイキングコースを整備するにあたって完成した平山城址公園にちなんで、1955（昭和30）年に駅名を改称した。写真の駅は旧駅で、1976（昭和51）年に新宿寄り約200mの現在地へ移転した。現在の駅のロータリーは、平安時代の武将平山季重（すえしげ）の居館跡と伝わる平山小学校の元校地。そして、野猿峠の平山城址公園は、平山氏の見張所だったと伝わる。
◎平山城址公園　1964（昭和39）年3月15日　撮影：荻原二郎

当駅から駅所在地が八王子市になる。長沼の地名は、浅川と湯殿川の合流地点に長い沼地があったことに由来する。また、武蔵七党の武将長沼氏の居住地と伝わる。昭和初期、この地に煉瓦工場があり、横浜線から分岐する引込線が敷かれていた時がある。このあたりは八王子市へ編入合併したところで、写真当時は水田地帯。写真の駅舎からもそんな雰囲気が感じられる。1990（平成２）年に長沼〜北野間の連続立体交差事業により、高架駅になった。◎長沼　1964（昭和39）年１月15日　撮影：荻原二郎

写真は1964（昭和39）年当時のもので、駅舎は現在の北口にあった。開業当初は近辺の平山駅（現・平山城址公園駅）や長沼駅と同じような小さな中間駅だったが、1931（昭和６）年の御陵線開通を機に分岐駅となった。1967（昭和42）年には、休止中だった御陵線北野〜山田間を活かした高尾線が開業。平成に入り、長沼〜北野間の連続立体交差事業に伴い高架駅となり、商業施設も増え、2013（平成25）年には特急停車駅へ昇格した。◎北野　1964（昭和39）年１月15日　撮影：荻原二郎

移転して間もない当時の京王八王子駅。写真前年の1963（昭和38）年10月に新宿～東八王子（現・京王八王子）間の特急運転が開始され、同年12月に八王子の都市計画によって北野寄り200mの位置へ駅が移転した。移転前の駅名は東八王子駅だったが、駅の移転を機に京王八王子駅へ改称。写真は移転後初めての元旦を経て、成人式の日に撮影された一枚。駅に日章旗が見える。この駅舎は、地下化まで使用された。◎京王八王子　1964（昭和39）年1月15日　撮影：荻原二郎

京王片倉駅舎。現在の駅舎はリニューアルされているが、改札口の位置など基本的な構造はさほど変わらない。地上駅だが、北野寄りは地形の関係で高架になっており、上りホームと下りホームは高架下に位置する通路で結ばれている。駅付近に国道16号をオーバークロスする橋梁があるが、これは京王御陵線建設時に架けられた。
◎京王片倉　1967（昭和42）年10月1日　撮影：荻原二郎

高尾線開業の1967（昭和42）年に撮影された山田駅。現在は駅舎がリニューアルしたものの、位置関係に変わりはない。プラットホームは掘割に位置し、改札口が上にある。駅は都道506号のすぐ横で、プラットホームを縦方向に見るように都道が跨いでいる。駅の開業は古く、1931（昭和6）年に御陵線の駅として開業。御陵線山田〜多摩御陵前間の廃止を経て、高尾線開業にあわせ再び開業した。◎山田　1967（昭和42）年10月1日　撮影：荻原二郎

高尾線とともに1967（昭和42）年に開業しためじろ台駅。同駅は、高尾線開業の目玉として京王が宅地開発しためじろ台住宅地の玄関口。高尾線開業当時は、まだ多摩ニュータウンの開発が本格化する前で、特急1本で新宿へ直通できる新しい郊外の分譲地が注目された。プラットホームは、写真のように掘割に位置し、島式ホーム2面4線の構造で、将来の緩急接続を考慮した設計だったが、後にホーム延伸時に2面2線に改修された。駅は住宅地への入居開始前に先行して開業したため、当時はまだ駅前ロータリーが建設されていなかった。◎めじろ台　1967（昭和42）年10月1日　撮影：荻原二郎

京王八王子駅付近　1984（昭和59）年7月4日
1925（大正14）年に玉南電気鉄道の東八王子駅として開業した京王八王子駅は、1963（昭和38）年に現在地に移転した。この当時は地上駅だったが、1989（平成元）年に地下駅に変わり、1994（平成6）年には駅ビルが開業する。一方、手前（北西）の明神町からこの駅前に延びる道路は、国鉄（現・JR）八王子駅北口に至っている。この前年（1983年）には、駅ビルの「八王子ナウ」が誕生し、テナントとして八王子そごうが入店していた。◎撮影：朝日新聞社

駅は多摩丘陵北端の尾根を開発した地域にあり、高尾はもう近い。写真は開業日の様子で、高尾線開業ポスターが見える。現在は駅周辺にマンションや住宅が建つが、開業当時は国立東京高専が開校して間もない頃で駅周辺はまだ開発途上だった。写真の子どもたちは、古くからある北野街道沿いの館町あたりから開業したばかりの駅を自転車で見に来たのだろうか？ 今も昔も駅前広場は駅の規模にしては広く、これは駅東側の高専の敷地が元々は京王の車両基地にする構想があったためと言われている。◎狭間　1967（昭和42）年10月1日　撮影：荻原二郎

京王の駅は高尾駅の南側で、社殿風駅舎の北口駅舎とはかなり離れている。写真は、高尾駅南口の昔の様子。国鉄との共用出入口のため、京王帝都電鉄高尾駅とは表示されていない。現在の南口には、京王とJRの文字が入った駅名が表示され、出入口はリニューアル工事で新しくなり、駅前広場も整備されている。写真当時の南口は、京王と国鉄の改札口が一緒で、JRになっても長らく同じだったが、現在の南口は、京王、JRでそれぞれの改札口がある。
◎高尾　1970年代後半　撮影：山田虎雄

東京屈指の行楽地として名高い高尾山。ミシュランガイドに選定後は、海外での知名度も高めた。古くから親しまれてきた観光地だが、高尾線開業までは、都心と直通する鉄道が無く、八王子駅や高尾駅からバスでアクセスしていたが、高尾線の開業によって新宿と特急で直通し、開業祝賀ムードに包まれた。駅は高架駅で島式ホーム1面2線。高尾～高尾山口間は単線で、高尾まで続く住宅地の車窓から一転して山間の鉄道のような雰囲気になり、それも魅力のひとつになっている。
◎高尾山口　1967（昭和42）年12月2日　撮影：荻原二郎

高尾線開通祝賀列車に抜擢されたのは、当時製造が続いていた5000系であった。5000系は後に冷房化され分散式、集中式、半集中式など様々な配置が試みられた。◎高尾山口　1967（昭和42）年10月1日　撮影：吉村光夫

地上駅時代の京王多摩川駅。駅の高架化は1968（昭和43）年で、写真は高架建設前の貴重な写真。日曜日の駅は京王閣競輪場からの帰りの人で混雑している。駅前広場には予想新聞が散らばり、競輪場最寄り駅の雰囲気である。京王多摩川駅は、元は多摩川原駅として開業。駅名から想像できるように、多摩川の川原で採れた砂利を運ぶのが主目的だった。その後、レジャー施設の京王閣が昭和初期から戦争激化前まで人気を呼び、閉園後も昭和30年代に京王菖蒲苑（京王百花苑）や京王遊園（京王プール）が開園したことで、その最寄り駅としても賑わった。◎京王多摩川　1964（昭和39）年5月31日　撮影：荻原二郎

多摩川を渡って神奈川県川崎市多摩区に入り、相模原線は進路を西に変えて京王稲田堤駅に到着する。写真は開業翌日の京王稲田堤駅。最初から高架駅で開業し、基本的な駅構造は今日も同じ。多摩川の桜で有名な稲田堤。一方で住宅地としても開発が進み、南武線の稲田堤駅も比較的近く、特急や準特急の停車駅になっている。
◎京王稲田堤　1971（昭和46）年4月2日　撮影：荻原二郎

1971（昭和46）年、京王多摩川駅から京王よみうりランド駅まで延伸開業し、相模原線の路線名も誕生した。1974（昭和49）年に京王多摩センター駅へ延伸開業するまでの3年間は、この駅が折り返し駅だった。相模原線開通を祝うアーチの装飾には、稲城町とある。当時の駅所在地は南多摩郡稲城町。同年11月に市制施行で稲城市になった。◎京王よみうりランド　1971（昭和46）年4月2日　撮影：荻原二郎

1974（昭和49）年に京王よみうりランド駅から延伸して京王多摩センター駅まで開業。稲城駅が開業した。丘陵地の切通しに橋上駅舎が建設され、当時はまだ駅周辺の開発が進んでいなかった。駅開業に伴い稲城市は新庁舎を駅北東に建設し、将来の発展が期待された。ただし、稲城駅や周辺の路線は多摩ニュータウンの指定区域外のため、乗降客が急増するのは1988（昭和63）年の向陽台ニュータウンが出来るまで待たなければならなかった。
◎稲城　1974（昭和49）年　提供：稲城市

多摩センター駅付近　1985（昭和60）年12月1日
下（南）側に広がる多摩中央公園の上空から見た、京王・小田急の多摩センター駅付近の空撮写真である。1974（昭和49）年に
は京王多摩センター駅、1975（昭和50）年には小田急多摩センター駅が開業し、両駅の周辺では開発・整備が進められていた。
この後、駅南側では京王プラザホテル多摩、イトーヨーカドー多摩センター店、ココリア多摩センターなどの商業施設が開業し、
2000（平成12）年には多摩モノレール線が延伸・開業することとなる。◎撮影：朝日新聞社

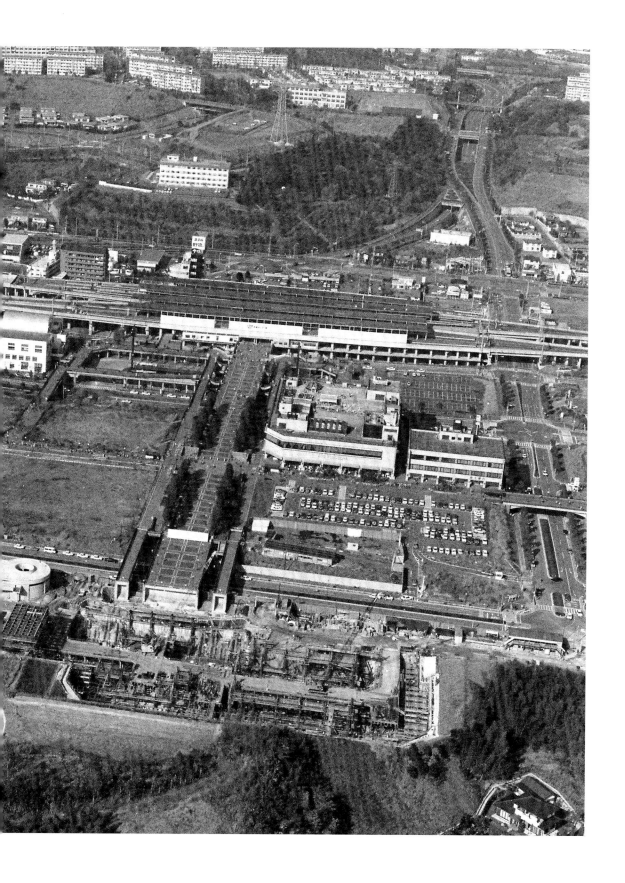

京王多摩センター駅への延伸で開業。相模原線で神奈川県に所在地がある駅は、橋本を除くと京王稲田堤駅と若葉台駅の2駅だ。しかし、駅の北側や若葉台検車区・工場は、東京都稲城市の市域になる。駅は傾斜地の関係から地平と高架部分に分かれる。写真は高架下の駅風景で、改札口はこの高架下に位置する。◎若葉台　1989（平成元）年3月21日　撮影：荻原二郎

京王永山駅は、3層からなる高架駅。プラットホームは3層部に位置し、相対式ホーム2面2線。同じく相対式ホーム2面2線の小田急多摩線の小田急永山駅と並ぶ。諏訪・永山地区は、多摩ニュータウンの第一次入居地区で、1971（昭和46）年に入居が始まった。しかし、京王多摩センターまでの開業が1974（昭和49）年になり、それまでは聖蹟桜ヶ丘駅までバス通勤をしていた。◎京王永山　1976（昭和51）年　提供：多摩市

多摩ニュータウン開発が決定された多摩町（現・多摩市）では、ニュータウンの「都市センター」の役割を果たす落合地区で、新線・新駅の開業が実現した。1974（昭和49）年には京王相模原線が延伸、京王多摩センター駅が開業し、1975（昭和50）年には小田急多摩線が延伸して、小田急多摩センター駅が誕生した。撮影の時期（1976年）、既に中高層の住宅が建ち並ぶ中、駅周辺では商業施設の建設、整備はまだ進んでいない。写真右（西）側が橋本方面、左（東）側が永山方面である。
◎京王多摩センター　1976（昭和51）年　提供：多摩市

京王堀之内駅は、当初は設置計画になく、南大沢駅まで駅を設置しない計画だったが、その後変更されて南大沢延伸開業時の1988（昭和63）年に開業した。駅名は、京浜急行電鉄に堀ノ内駅があるため、京王を付けた駅名となった。写真は、開業間もない頃の様子。駅前ロータリーの整備前で、まず駅が出来た時代。同駅は八王子市に所在し、八王子市に所在する鉄道駅では、最も新宿に距離が近い。このような地の利と開発によって、現在では開業当初からは想像できないぐらいに発展し、駅の乗降数も増加傾向が続く。◎京王堀之内　1988（昭和63）年　提供：八王子市

写真は開業当時の南大沢駅。今日からは想像できないほど、開業当初は周辺に何もない駅だったが、1991（平成3）年に東京都立大学が移転。急成長した街の駅となり、現在では八王子市に所在する京王の駅では京王八王子駅を抜いて最も乗降客が多い。駅舎は、現在では駅ビル「フレンテ南大沢」になっている。◎南大沢　1988（昭和63）年　提供：八王子市

町田市に所在する京王唯一の駅で、南大沢〜橋本間開業の翌年、1991（平成3）年に開業した。開業が翌年になったのは補助金の関係。京王では、この駅の開業以降に新駅がなく、京王で一番新しく開業した駅である。写真は開業時の様子。現在では町田市による土地区画整理事業が進み、駅周辺にはマンションが建ち並び、新しい街並みが広がっている。
◎多摩境　1991（平成3）年　提供：町田市

「祝開通 京王相模原線」の案内板が駅前を飾った。橋本駅は横浜線と相模線が接続する古くからの拠点だが、京王相模原線開通までは新宿方面への交通が不便で、南大沢まで行くか、もしくは横浜線で町田へ出て小田急線を利用するしかなく、京王相模原線全通が切望されていた。◎橋本　1990（平成2）年3月30日　撮影：荻原二郎

写真は橋本駅のJR側にある橋上駅舎で、「祝開通 京王相模原線」の祝賀看板がJR側の駅舎にも設置されていた。橋本は将来リニア中央新幹線の駅が開業する予定で、さらなる飛躍が期待される。◎橋本　1990（平成2）年3月30日　撮影：山田虎雄

渋谷駅付近　1964（昭和39）年9月8日
東京オリンピックが開催される直前の渋谷駅周辺の空撮写真で、中央付近には東急文化会館プラネタリウムの丸い屋根が見える。中央を南北に横切るように走るのは国鉄（現・JR）の山手線で、かまぼこが並んだように見えるのは東横線の渋谷駅である。一方、中央やや右側を縦に走るのは六本木通り、玉川通りで、この1964（昭和39）年10月には首都高速3号渋谷線が一部開通する。手前左側には、地上駅時代の井の頭線の渋谷駅が見える。◎撮影：朝日新聞社

トンネルを出るとすぐホームで、簡素な駅舎が建っていた。今も渋谷トンネルにはレトロな坑口が現役で残る。神泉駅は、渋谷トンネルと神泉トンネルに挟まれ、プラットホームの延伸が難しかった。その後、20m級車の1000系導入を契機に、神泉トンネルを大改修してプラットホームを大幅に延伸することとなり、まるで地下駅のようなプラットホームが平成７年に完成した。◎神泉　1962（昭和37）年11月10日　撮影：荻原二郎

駒場駅は西駒場駅、東大前駅は東駒場駅として1933（昭和８）年に開業。東駒場駅は一高前を経て1951（昭和26）年に東大前へ駅名改称した。1965（昭和40）年に駒場駅と東大前駅が統合。井の頭線で戦後に新しく開業した駅はこの駅だけである。写真は吉祥寺方の改札口と高架ホームで、傾斜地の低い位置に建設された。一方の渋谷方は傾斜地の高いほうで、地平ホームに橋上駅舎が建つ。◎駒場東大前　1965（昭和40）年７月11日　撮影：荻原二郎

昔、細長い池があり、その高台を池の上と呼んだという。駅改良前は、駅舎とホームが離れた構造で構内踏切があったが、写真当時は、駅舎や島式ホームを囲むような配線へ改良後で、駅舎とホームが続いている。その後のプラットホーム延伸によって現在は踏切ギリギリにまでホームが迫る構造だ。
◎池ノ上
1967（昭和42）年4月6日
撮影：荻原二郎

下北沢駅は小田急と京王井の頭線が交差する駅で、井の頭線の駅は地形の関係から高架部分と高台部分がある。写真の駅舎やホームは吉祥寺側の高台に位置する。現在は小田急が地下化し、地上には井の頭線のホームのみが顔を出している。井の頭線は小田急の帝都線だった時代があり、2019（平成31）年に小田急と京王の改札が分離されるまで、連絡改札が無かった。
◎下北沢
1963（昭和38）年4月3日
撮影：荻原二郎

代田二丁目駅時代の写真。撮影された翌年の1966（昭和41）年に新代田駅へ改称した。駅は環状七号線に面した橋上駅舎で、相対式ホーム2面2線。現在はホームの延伸で環七がホーム上を横断している。現在の駅舎も写真当時とほぼ同じ位置で、三角屋根の明かり取り窓を付けた駅舎へ改装されている。
◎代田二丁目（現・新代田）
1965（昭和40）年2月14日
撮影：荻原二郎

島式ホームの延長線上に改札口があった。東松原駅は、井の頭線でこのタイプが最後まで残った駅。渋谷方と吉祥寺方にそれぞれ改札口と駅舎が設置されていた。昭和60年代に渋谷方の改札口を廃止して橋上改札とし、その後吉祥寺方の改札口も廃止されて両方を統合した橋上駅舎化を1990（平成2）年に行った。
◎東松原　1964（昭和39）年9月27日　撮影：荻原二郎

1966（昭和41）年正月の永福町駅前の様子。縁起の良い永福の地名は、永福寺が由来。5年後の1971（昭和46）年12月に井の頭線で急行運転を開始し、永福町駅は停車駅になるとともに、緩急接続可能な駅へ改造され、島式ホーム1面2線から待避線を有する島式ホーム2面4線となった。なお、待避線がある駅は、井の頭線では永福町駅のみである。
◎永福町　1966（昭和41）年1月2日　撮影：荻原二郎

西永福駅の南側は京王が古くに宅地開発した分譲地で、閑静な住宅地である。写真は、ミルクスタンドのある西永福駅売店が併設されていた西永福駅。駅舎から張り出したコンクリートの上屋が当時としてはモダンな印象だった。写真は1965（昭和40）年で、この駅舎が建つ前は島式ホームの先に改札口と瓦屋根の木造駅舎があった。
◎西永福
1965（昭和40）年2月14日
撮影：荻原二郎

写真は1968（昭和43）年当時の駅舎。駅の周辺は当時から住宅地で、北側は高級な邸宅地として知られてきた。写真当時も今も島式ホーム1面2線の地上駅で駅の両側に踏切がある。かつては駅舎も地上にあったが、プラットホーム延伸に伴い、1996（平成8）年に駅舎部分のみ地下化された。なお、改札口の地下化までは、構内踏切を使っていた。
◎浜田山
1968（昭和43）年1月28日
撮影：荻原二郎

高架化前の高井戸駅駅舎。浜田山方面と富士見ヶ丘方面から上がってきた築堤の上に駅があり、相対式ホーム2面2線の駅だった。神田川の水を農業用水に使った長閑な水田地帯だった駅周辺も、写真当時は宅地化が進み、当時から駅の利用者は多かった。1972（昭和47）年には、環状八号線の開通のため高架駅になった。
◎高井戸
1965（昭和40）年2月14日
撮影：荻原二郎

駅付近の丘から富士山を眺望できたのが富士見ヶ丘の由来。写真は、1965（昭和40）年当時の駅舎と改札口で、島式ホームとは構内通路で結ばれていた。その後、島式ホームと駅出入口（北口と南口）を結ぶ地下通路を設置。2010（平成22）年には橋上駅舎化された。1966（昭和41）年に富士見ヶ丘～久我山間の水田地帯に富士見ヶ丘検車区が開設され、区間電車の発着駅となった。
◎富士見ヶ丘
1965（昭和40）年2月14日
撮影：荻原二郎

古文書に出てくる古い地名が駅名の由来。宅地開発前は北側が水田、南側の高台は畑だったが、やがて商業地や閑静な住宅地へと姿を変えていった。写真当時は、島式ホームと改札口は構内通路で結ばれていたが、後に地下通路が設置された。駅舎は他の駅よりもやや大きめの設計で、2005（平成17）年の橋上駅舎化まで、改築を繰り返しながら地平に大柄な駅舎が建っていた。
◎久我山
1964（昭和39）年9月20日
撮影：荻原二郎

三鷹台駅周辺は、神田川の谷で、水利を活かした水田地帯と高台の邸宅地に分かれていた。駅は水田地帯に開業し、地形の関係から駅の南北へ通じる坂道がある。写真は、1964（昭和39）年当時の駅の様子。島式ホーム1面2線の時代で、上下線に挟まれるように駅舎が建っていた。1982（昭和57）年になると渋谷寄りへ駅が移転。相対式ホーム2面2線の橋上駅舎になった。
◎三鷹台
1964（昭和39）年9月21日
撮影：荻原二郎

相対式ホーム2面2線で吉祥寺方面のホームが改札口と接している。線路を跨がないでホームから駅前に出られる駅構造は、島式ホーム1面2線の構内踏切が多かった井の頭線では珍しい。一方、渋谷方面のホームと改札口は他の多くの井の頭線の駅と同じく構内踏切を渡って行き来する構造だった。現在は地下道で結ばれ、駅舎のリニューアルが2006（平成18）年に完成した。◎井の頭公園　1964（昭和39）年9月20日　撮影：荻原二郎

1933（昭和8）年に渋谷〜井之頭公園（現・井の頭公園）間が開業。吉祥寺駅まで開業したのは翌年のことだった。写真手前が井の頭線の吉祥寺駅で高架駅、地上3階に相当する。奥が中央線の駅で写真当時は高架化と複々線化工事中だった。中央線側が北口、井の頭線側が南口になる。開業当時は北口に畑も見られ。南口には井の頭公園周辺の水田が広がっていた。写真は1966（昭和41）年で、北口は今日の賑わいを感じさせるような繁華街になっている。
◎吉祥寺　1966（昭和41）年　提供：武蔵野市

吉祥寺駅付近
1967（昭和42）年9月28日
井の頭線と中央本線が連絡している吉祥寺
駅。人口約15万人の武蔵野市の玄関口であ
り、この南側に広がる井の頭恩賜公園（三鷹
市）にやってくる人々も多く利用する駅で
ある。この時期には、既に吉祥寺名店会館
や長崎屋吉祥寺店があったが、1970年代に
は伊勢丹百貨店が進出。吉祥寺名店会館の
跡地には、東急百貨店が新しい店を構えた。
1974（昭和49）年に開店した東京近鉄百貨
店は現在、ヨドバシカメラマルチメディア
吉祥寺になっている。◎撮影：朝日新聞社

辻 良樹（つじ よしき）

1967年滋賀県生まれ。東海道本線沿線で育ち、地域を走る近江鉄道にも幼い頃から親しむ。東京で鉄道関係のPR誌編集を経てフリーの鉄道フォトライターに。東京在住時代は、京王沿線で暮らしたこともある。現在は滋賀県を拠点に様々なメディアで著作。鉄道考古学の研究や鉄道と旅行の歴史に関する著作も多く、国鉄（JR）から私鉄まで幅広く執筆。著書に『関西 鉄道考古学探見』（JTBパブリッシング）、『京王電鉄各駅停車』（洋泉社）、『阪神電鉄・山陽電鉄 昭和の記憶』（彩流社）など多数があり、企画本や専門誌、文化誌、旅行誌等々への執筆、写真提供も多い。

【写真撮影・提供】

小川峯生、荻原二郎、杵屋栄二、柴田重利、山田虎雄、吉村光夫

（RGG）荒川好夫、牛島完、河野豊、高木英二、高田寛、松本正敏、宮地元、森嶋孝司、八十島義之助

朝日新聞社

【空撮写真の解説】

生田 誠

多摩動物公園駅の駅前に保存展示されていた当時のデハ2410。
◎1995（平成7）年11月　撮影：辻 良樹

昭和〜平成
京王電鉄沿線アルバム

発行日‥‥‥‥‥‥‥‥‥‥2021年2月5日　第1刷　※定価はカバーに表示してあります。

解説‥‥‥‥‥‥‥‥‥‥辻 良樹

発行者‥‥‥‥‥‥‥‥‥春日俊一

発行所‥‥‥‥‥‥‥‥‥株式会社アルファベータブックス

　　　　　　　　　　　〒102-0072　東京都千代田区飯田橋 2-14-5 定谷ビル

　　　　　　　　　　　TEL. 03-3239-1850　FAX.03-3239-1851

　　　　　　　　　　　https://alphabetabooks.com/

編集協力‥‥‥‥‥‥‥‥株式会社フォト・パブリッシング

デザイン・DTP‥‥‥‥柏倉栄治

印刷・製本‥‥‥‥‥‥‥モリモト印刷株式会社